rowohlts
monographien
herausgegeben
von
Kurt Kusenberg

Ignatius von Loyola

in Selbstzeugnissen
und Bilddokumenten
dargestellt von
Alain Guillermou

rororo bildmonographien

Rowohlt

Die Übertragung ins Deutsche und die Bearbeitung des Anhangs
besorgte Heinz Finé S. J.
Umschlagentwurf von Werner Rebhuhn

Veröffentlicht im Rowohlt Taschenbuch Verlag GmbH,
Reinbek bei Hamburg, Juni 1962

Gesetzt in der Linotype-Aldus-Buchschrift und der Palatino (D. Stempel AG.)
Papier G. Schürfeld & Co., Hamburg
Gesamtherstellung Clausen & Bosse, Leck
Printed in Germany
680-ISBN 3 499 50074 4

1.–15. Tausend Juni 1962
16.–25. Tausend Oktober 1981

Inhalt

Ignatius von Loyola

Verbindungslinien zwischen Ignatius von Loyola und seiner Heimat herzustellen und die seelische Eigenart des Ordensgründers, wie man sie sich gewöhnlich vorstellt, aus der Landschaft der Guipúzcoa zu erklären, ist recht schwierig, obgleich die Aufzeigung solcher Zusammenhänge sehr beliebt ist. Denn die strengen, von rauhen Winden durchwehten Hochflächen, die den Charakter der Menschen hart machen sollen, weil das Leben dort oben angeblich hart und erbarmungslos für die Schwachen ist, müßte man schon in Aragonien oder im Hochland von Kastilien suchen. Die Provinz Guipúzcoa jedoch, im spanischen Teil des Baskenlandes, zeichnet sich eher aus durch ihre tiefeingeschnittenen, aber keineswegs steil abfallenden Täler, auf deren Grund sich muntere Bäche, umsäumt von hohen Bäumen, durch fruchtbare Felder dahinschlängeln. Vielleicht standen zur Zeit des Ignatius auf den damals noch wenig bebauten Hängen noch nicht, wie heute, die vielen weißen Häuschen, die an manchen Stellen die Landschaft so fröhlich beleben. Doch sicher war auch damals schon der Pflanzenbestand genauso dicht, und die Dörfer hatten schon damals die gleichen hohen, dicht aneinander gedrängten Häuser mit den kleinen Fenstern. Wie heute noch, waren auch wohl schon damals die weißglänzenden gewundenen Straßen zuweilen von einem Karren versperrt, der von langsamen Ochsen gezogen wurde, deren Stirn mit einem Schaffell und einem Fliegennetz geschmückt war. Die Landschaft hat etwas Bukolisches, und wenn man nicht wüßte, wie leidenschaftlich die Basken sich für eine Wahrheit begeistern können, dann könnte man die Guipúzcoa für ein anderes Arkadien halten, das nur von Hirten, Dichtern und friedlichen Sängern bewohnt wird.

Doch die Geschichte lehrt uns, daß dieses Land einst sehr unruhig war, vor allem infolge der zahllosen Streitigkeiten unter den kleinen Grundherren, deren Wohnsitze zum Teil noch heute erhalten sind. Die am häufigsten vorkommende Bauweise ist die *Casa-torre*. Auch das Schloß der Loyola gehört dazu, das zwei Kilometer entfernt von dem Städtchen Azpeitia liegt. Es gleicht eher einem befestigten Bauernhof als dem Adlerhorst einer mittelalterlichen Burg. Seine aus Bruchsteinen und Ziegeln erstellte Vorderfront ist in die heutige Niederlassung der Jesuiten eingebaut. Dort also kam Iñigo 1491 zur Welt, und zwar, wie man erzählt, in der Christnacht und in einem niedrigen Raum, der einmal als Stall gedient hatte. Aber diese Einzelheiten, die auf eine Ähnlichkeit mit der Geburt des Jesuskindes hindeuten sollen, sind sicher erfunden.

Schon früh hatte Ignatius seine Mutter verloren. Diese fromme Frau zeigte sich seit ihrer Kindheit eng verbunden mit jener überkommenen Form der Religiosität, die sich damals, besonders in dem etwas abgelegenen Gebiet der Guipúzcoa, weniger durch eine vorbildliche, tiefchristliche Lebensführung als durch einen Glauben auszeichnete, der vor allem Wert auf Wallfahrten legte, die etwa zu den

Ein Tal der Guipúzcoa

Ermitas führten, jenen herrlichen, über das ganze Land verstreuten kleinen Kapellen. Mit dieser Art von Frömmigkeit verbanden sich jedoch bei den Vornehmen und selbst bei den Geistlichen manche Gebräuche, die nicht mehr viel mit einem reinen Christentum zu tun hatten. Die Herren von Loyola zum Beispiel ergriffen einmal als Patronatsherren der Pfarrkirche von Azpeitia Partei in einem nicht sehr schönen Streit um gottesdienstliche Abgaben, der lange Zeit

zwischen der Pfarrgeistlichkeit und einer Gemeinschaft von Ordensschwestern bestand, die sich in der Gegend niedergelassen hatte. Diesen Zwist muß man kennen, um einen der Gründe zu verstehen, warum Ignatius später einen so großen Abscheu vor dem Almosensammeln im allgemeinen und den zeitlichen Gütern der Kirche im besonderen hatte.

Doch vorerst schlug der junge Iñigo selbst die kirchliche Ämterlaufbahn ein und empfing noch im kindlichen Alter die Tonsur zum Zeichen dafür, daß er später einmal von einer Pfründe leben sollte. Anscheinend hat er sich nicht sonderlich darum bemüht, dieses Kennzeichen des geistlichen Standes mit dem Willen zur Änderung seiner Lebensführung zu verbinden. Sobald der junge Mann seine Heimat verlassen hatte, um in dem Städtchen Arevalo als Page im Hause des Contador Mayor (d. h. des Schatzmeisters der kastilischen Königin) Velasquez Cuellar zu dienen, führte er das angenehme Leben jedes jungen Spaniers, dem als Hidalgo eine sichere Karriere als Offizier oder Beamter in Aussicht stand.

Über diesen Abschnitt seiner Jugend wissen wir kaum etwas, und Ignatius selbst berichtet davon in der Lebensbeschreibung, die er seinem Sekretär diktiert hat, nur mit wenigen Worten: *Bis zum Alter von sechsundzwanzig Jahren war er den Nichtigkeiten der Welt ergeben und hatte besonderen Gefallen am Waffendienst, verbunden mit dem eitlen Verlangen, sich dadurch Ehre zu gewinnen.* Daß er ein wenig zum Raufbold neigte, läßt sich nicht bezweifeln; doch einer seiner Biographen berichtet auch, er habe jedesmal zur Muttergottes gebetet, bevor er sich im Duell schlug. Nach dem Zeugnis des P. Lainez, eines frommen Mannes, der nach dem Tode des Ordensgründers sein Nachfolger als General wurde, bestanden die Eitelkeiten der Welt wahrscheinlich nicht bloß in der Sorgfalt für schöne Kleider und im Stolz auf bestimmte Reiterkunststücke. Während der Fastnachtstage des Jahres 1515 ließ sich der junge Ignatius – er zählte damals vierundzwanzig Jahre und war wieder in die Heimat zurückgekehrt – zu gewissen Ausschreitungen hinreißen, die so schwerwiegender Art waren, daß man ihn einkerkern wollte.

Worin die «sehr großen» Vergehen bestanden, deren er sich schuldig gemacht hatte, darüber hat man niemals etwas Genaues erfahren. Nur das eine ist sicher: Sie hatten nichts mit dem Tod eines Menschen zu tun. War es vielleicht die Entführung eines Mädchens oder die Gefangennahme eines Familienfeindes der Loyola, verbunden mit einer Prügelei? Beide Vermutungen sind geäußert worden, beide sind glaubhaft; doch das Dunkel, das über diesen Vorfällen liegt, bleibt bestehen. Dabei ist es beinahe belustigend zu sehen, wie der straffällig Gewordene sich auf seine schon längst vergessene Tonsur beruft, um den weltlichen Gerichten zu entgehen und vor einem kirchlichen Gericht erscheinen zu dürfen. Ohne die Aufstellung der für ihn zuständigen Richter abzuwarten, ritt er geradewegs nach Pamplona und stellte sich freiwillig dem Diözesangericht. Die Angelegenheit hatte keine weiteren Folgen, wenn man von der langen, leidenschaftlichen Auseinandersetzung zwischen weltlichem und kirchlichem Gericht absieht, die beide lautstark Anspruch auf den Angeklagten erhoben.

1516 verließ Ignatius im Alter von fünfundzwanzig Jahren den

Die «Casa-torre» von Loyola

Dienst des Schatzmeisters, der bei seinem neuen Herrn Karl V. in Ungnade gefallen war, und ging an den Hof des Vizekönigs von Navarra und Herzogs von Najera, Antonio Manrique de Lara. Das Leben in Najera, der Hauptstadt einer Provinz, die unter Ferdinand dem Katholischen wenige Jahre zuvor an die kastilische Krone gefallen war, hatte die gleichen Annehmlichkeiten, wie das in dem kleinen Ort Arevalo, obwohl schon damals Invasionsdrohungen aus dem Süden kamen: Franz I. unterstützte bereitwillig die Ansprüche der d'Albret auf ihren Anteil an Navarra, der jenseits der Pyrenäen lag.

Bald überschritt wirklich ein Heer die Grenze. Die Stadt Pamplona mit ihrer befestigten Zitadelle sollte die Angreifer aufhalten, und der Herzog von Najera beauftragte Ignatius von Loyola mit der Anwerbung von Hilfstruppen im Baskenland zur Verstärkung der Verteidiger. Begleitet von einer Handvoll Männer, betrat Ignatius die Zitadelle in dem Augenblick, da die Besatzung der Stadt abzog, weil sie ihre Lage als zu ungemütlich betrachtete. Gegenüber den Feinden aus dem französischen Navarra, die von einer ausgezeichneten Artillerie gedeckt wurden und sich

schon in der Stadt einnisteten, hatten die Soldaten Karls V. keinerlei Siegesaussichten: sie wurden belagert. Ihr Befehlshaber Herrera dachte bereits an Waffenstillstandsverhandlungen, aber Ignatius begeisterte seine Waffengefährten zu neuem Mut, so daß sie die angebotenen Bedingungen zurückwiesen. So kam es zum Kampf, auf den sich Ignatius ohne Zweifel auch durch Gebete, jedenfalls aber durch eine Generalbeichte vorbereitete, die er aber nicht einem Feldgeistlichen — den es damals nicht gab —, sondern einem Freunde ablegte, nach mittelalterlichem Brauch, der von der Kirche anerkannt wurde. Sechs Stunden lang belegten die

Das Leben in Spanien, wie es ein Reisender aus Nürnberg im Jahre 1529 sah (von links oben nach rechts unten): Almosensammler für die Befreiung von Gefangenen; baskischer Soldat; Kastilianerin auf dem Wege zur Kirche; Stadtbüttel

Franzosen die Festung mit ihrem Artilleriefeuer. Ignatius war die Seele des Widerstandes; aber eine Kugel traf ihn und zerschmetterte ihm den rechten Unterschenkel, während das linke Bein von einem Schleuderstein verletzt wurde. Seine Verwundung bedeutete das Ende des Kampfes.

Doch die in Pamplona empfangene Wunde bewirkte keine sofortige Änderung in der Seele des Mannes. Zweifellos haben heftige Schmerzen wochenlang sein Bewußtsein beherrscht. Die Franzosen, die ihn nach der Kapitulation sehr zuvorkommend behandelten, gaben ihm ein Geleit zu seinem väterlichen Schloß. Man kann sich die Unbequemlichkeit dieser Überführung auf einer Bahre für den Schwerverwundeten vorstellen, in einer Zeit, die noch keine aseptische Wundbehandlung kannte. Aber auch die Schmerzen muß man sich vorstellen, die der Patient durchmachte, als die Chirurgen sich in Loyola bemühten, den Bruch in Ordnung zu bringen; denn auch die Betäubung war noch unbekannt. Es war, wie Ignatius später erzählte, eine Schinderei, der er sich übrigens kurz darauf von neuem unterzog. Da nämlich nach der Heilung der Wunde noch ein Stück des Knochens unter der Haut hervorstand, so daß eine Verunstaltung zu befürchten war, vor allem beim Reiten, wenn es galt, das Knie fehlerfrei zu beugen, verlangte Ignatius eine neue Operation. Ohne zu stöhnen, ließ er den Knochen freilegen und ballte nur die Fäuste zusammen. Kurze Zeit später jedoch stellte sich heraus, daß das operierte Bein verkürzt bleiben würde. Noch einmal begab sich Ignatius aus Eitelkeit in die Folter. Mit Hilfe von Stricken, Winden und Gewichten erreichte er eine gewisse Verlängerung des Beins, die aber so geringfügig war, daß er zeit seines Lebens leicht hinkte. Später, in Rom, versuchte er die Behinderung zu mildern, indem er einen Schuh mit einer dicken Sohle trug.

Während der Genesungszeit nach allen diesen chirurgischen Eingriffen begann der Dreißigjährige nachzudenken.

Seine Zukunft beunruhigte ihn nicht, da die ruhmvolle Verwundung nicht nur ohne schädlichen Einfluß auf seine Karriere war, sondern sie sogar noch fördern und ihm eine besondere Achtung verschaffen konnte. Er träumte sogar von der Eroberung einer Frau aus hohem Stande: die Dame seines Herzens war eine königliche Prinzessin[1]. Er malte sich die Heldentaten aus, die er in ihrem Dienste vollbringen wollte, um sich ihrer wert zu erweisen, und bat — vielleicht weil er nach berühmten Vorbildern verlangte — seine Umgebung um Ritterromane, wie er sie unlängst noch in Arevalo und Na-

---

1 Man hat sich gefragt, wer diese Frau gewesen sein könnte, und gemeint, es handle sich um Germana de Foix, die durch den Tod Ferdinands des Katholischen im Jahre 1516 Witwe geworden war. Aber es ist wahrscheinlicher, daß Ignatius davon träumte, die kleine Infantin von Kastilien zu gewinnen, die damals vierzehn Jahre alt war. Sie lebte mit ihrer Mutter, Johanna der Wahnsinnigen, fast ganz zurückgezogen in Tordesillas, und ganz Spanien nahm an ihrem Schicksal lebhaften Anteil. Sie heiratete später den König von Portugal, Johann III.

jera mit Vergnügen gelesen hatte. Doch in dem Schloß waren keine aufzutreiben: mit dieser Art von Literatur gaben sich die Edelleute des Baskenlandes im Jahre 1521 nicht ab. Da richtete sich seine Aufmerksamkeit auf zwei prächtig eingebundene Werke, die man in

Pamplona während der französischen Belagerung

einer Truhe aufbewahrte, sicherlich nicht zur täglichen Lektüre, sondern so, wie man ein wertvolles Gemälde oder Schmuckstück aufhebt.

Es ist schon fast ein Wunder zu nennen, daß Ignatius ausgerechnet auf diese beiden Bücher stieß; denn man kann sich kaum eine merkwürdigere Begegnung denken: Ein verwundeter Ritter, der von heldischen Taten träumt, aber im Augenblick niemanden hat, dem er seine Dienste anbieten kann, trifft gerade in einer Heiligenlegende auf eine ganze Reihe großer Lebensbilder, die in prächtigen Farben geschildert und mit phantastischen Erzählungen ausgeschmückt sind. In Fülle drängten sich nun die Gestalten um ihn, die der Nachahmung wert sind, wie die Heiligen, deren Leben in allen Einzelheiten auf den bunten Fenstern der Kathedralen erzählt wird. Aber genauso, wie diese Fenster den Betrachter allmählich zum Hochaltar führen, so regte das Lesen in der Legende Ignatius zur Erkenntnis des Herrn an, dem alle diese Ritter mit heldenhafter Hingabe dienen wollten. Dann brauchte Ignatius nur das zweite Buch, das neben seinem Bett lag, aufzuschlagen, um mit Jesus Christus bekannt und vertraut zu werden. Ludolf von Sachsen hatte das vierbändige «Leben Jesu» verfaßt, in dessen Vorwort auch die Pilgerfahrt nach Jerusalem empfohlen wurde.

Ignatius wollte ebenfalls nach Jerusalem gehen und die Taten der Heiligen nachahmen, von denen ihm Jakob de Voragine erzählt hatte, ja, er wollte noch größere vollbringen als Franz von Assisi und Dominikus. Der Geist heiligen Strebens hatte von ihm Besitz ergriffen.

Doch es wäre ein Irrtum, wollte man die geistige Entwicklung, die Ignatius in seiner Bekehrung eingeschlagen hat, auf diese Feststellung beschränken. Die Freude des Bekehrten an den mittelalterlichen Vorstellungen und an den durch sie angeregten Pilgerplänen lag noch sehr an der Oberfläche; aber die Tiefe seiner Seele wurde während der Lektüre immer mehr von dem betrachtenden Nachdenken über die von dort empfangenen Eindrücke erfüllt. Seit dieser Zeit zeigte sich bei ihm jene Gabe des psychologischen Verstehens, die es ihm später ermöglichte, mit großer Klarsicht seelische Zusammenhänge zu begreifen und darzustellen. Vorläufig aber richtete er seinen unbestechlichen Blick nur auf den Grund seines eigenen Ichs, und er entdeckte, daß ihm der Gedanke, sein Leben Jesus Christus zu weihen, mehr geistliche Freude bereitete als der Gedanke an weltliche Ehren.

Dieses Erlebnis schien ihm der Beachtung wert, und er begann es genauer zu untersuchen, indem er die Ursachen für den regelmäßigen Wechsel zwischen Freude und bloßem Vergnügen und bald darauf auch zwischen froher Hochgestimmtheit und Niedergeschlagenheit herauszufinden versuchte. Bald erkannte er: Der gute Geist, Gott, bringt die Freude; der böse Geist, Satan, bringt die Traurigkeit. Aber ist das nicht eine Binsenwahrheit oder gar die sehr vereinfachte Schwarzweißmalerei aus einem Katechismus für Kinder? Nein, für Ignatius war es eine erlebte, bewiesene und nachgeprüfte Erfahrung, die ihn schließlich zu seiner endgültigen Entscheidung ge-

Das Martyrium des hl. Hadrian (nach der «Legenda aurea»)

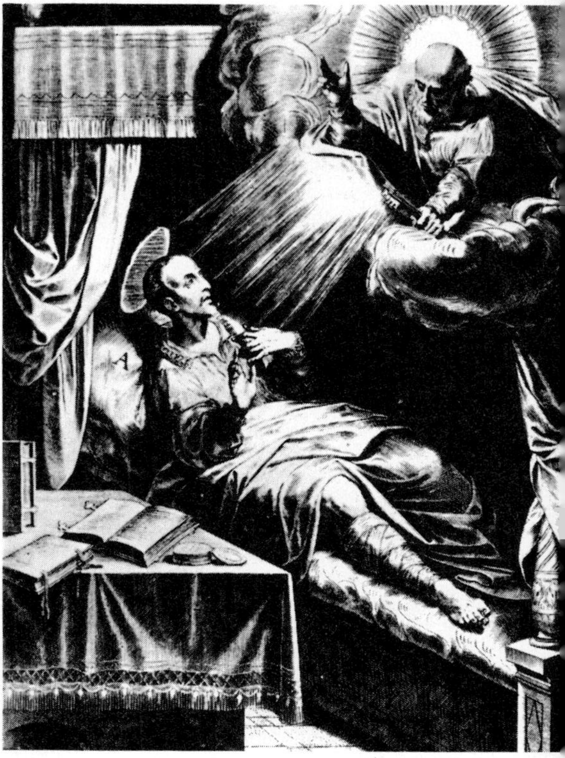

Die «Legenda aurea» auf dem Nachttisch des Genesenden

führt hat. Mit sich allein in dem Obergemach des väterlichen Schlosses, von wo er die Wiesen, die weit zerstreuten Gehöfte und die Hügelketten seiner Heimat überblicken konnte, arbeitete er betrachtend und betend die Grundzüge einer Lehre aus, die später einen wesentlichen Bestandteil seiner Frömmigkeit bilden sollte. Sie verdankt diesen Anfängen ein sehr bezeichnendes Merkmal: den Ursprung in der inneren, mit unmittelbarer Gewißheit erlebten Erfahrung.

Diese Gewißheit wurde bald durch außergewöhnliche Gnaden bestätigt, als Ignatius die Muttergottes mit dem Jesuskind auf den Armen schauen durfte. Von dieser Vision sprach er später sehr vorsichtig, wobei er vor allem betonte, daß er von diesem Augenblick an frei von sinnlichen Versuchungen geblieben sei, und erst diese dauernde Nachwirkung erlaubte ihm den Schluß, es habe sich bei dem ungewöhnlichen Zeichen um etwas gehandelt, das wirklich von Gott kam, und nicht um eine vom Teufel verursachte Einbildung.

Nach seiner Genesung machte sich Ignatius auf den Weg nach Jerusalem. Er wollte diese Wallfahrt unternehmen als Sühne für die im früheren Leben begangenen Sünden und als Beweis für seinen festen Entschluß, ein neues Leben zu beginnen.

Nachdem er das Tal verlassen hatte, wo er seine Kindheit verbracht, führte ihn sein Weg zuerst zu dem Marienheiligtum von Aranzazu, hoch über dem Baskenland. Diese Wallfahrt war eine Vorbereitung für die große Reise nach Jerusalem, und in der Folgezeit besuchte Ignatius immer wieder die durch die Frömmigkeit der Christen geheiligten Stätten als Pilger. Das war er nicht nur nach der aus dem Mittelalter überkommenen Auffassung, er wollte es auch ausdrücklich sein: *El Pelegrino*, so nannte er sich, als er viel später Gonçalves da Cámara seine Lebenserinnerungen diktierte.

Von Aranzazu aus durchzog Ignatius Nordspanien in west-östlicher Richtung zu dem zweiten Ziel seiner Wallfahrt, dem Montserrat, auf dem sich ebenfalls ein Gnadenbild Mariens befand. Unterwegs spielte sich bei Lerida eine für die seelische Verfassung des Bekehrten sehr bezeichnende Begebenheit ab. Ignatius begegnete auf der Straße einem Mauren. Es handelte sich um einen jener Conversos, deren christliche Gesinnung nicht immer über jeden Zweifel erhaben war, die aber zu jener Zeit zum Äußersten entschlossen waren, wenn man ihnen nachwies, daß sie noch an ihrem früheren Glauben festhielten und sich nur aus Nützlichkeitserwägungen bekehrt hätten. Es kam zu einem Gespräch, das bald auf theologisches Gebiet überging. Der Maure bezweifelte zwar nicht die wunderbare Geburt Jesu aus Maria, diskutierte aber die Art und Weise, wie man die Formel «allzeit reine Jungfrau Maria» für die Zeit nach der Geburt des Herrn des näheren zu verstehen habe, indem er auf dem Wortsinn der Formel bestand und sich wenig aufgeschlossen für die damit gemeinte religiöse Wirklichkeit zeigte. Ignatius widersprach, ohne daß es ihm allerdings gelang, den Gegner zu überzeugen. Er tat es aber so leidenschaftlich, daß der andere es vorzog, sich aus dem Staube zu machen.

Nachdem der Pilger eine Zeitlang ruhig seinen Weg fortgesetzt hatte, fragte er sich plötzlich, ob er auch die Ehre der Muttergottes richtig verteidigt habe. Er zweifelte daran, schließlich war er sogar überzeugt, seine Pflicht schlecht erfüllt zu haben, und gab dem Reittier die Sporen, um den Mauren wieder einzuholen, der, wie er wußte, eine nahegelegene Stadt aufsuchen mußte. Kurz vor der Stadt kam Ignatius an eine Weggabelung. Er wollte immer noch den Mann, der in der Ortschaft leicht zu finden war, stellen und ihn kurzerhand niederschlagen. Da kamen ihm wieder Gewissensbisse, und er war nicht mehr so sicher, ob das wirklich seine Pflicht sei. In diesem inneren Zwiespalt nahm er Zuflucht zu — seinem Maultier. Dieses sollte jetzt entscheiden. Er lokkerte die Zügel und überließ dem Tier die Wahl des Weges — zur Gnade oder zur Bestrafung. Auch in diesem Verhalten zeigte Ignatius seine geistige Verwandtschaft mit den mittelalterlichen Rittern, die sich zuweilen dem Instinkt ihres Pferdes anvertrauten, in der Meinung, daß dieser unmittelbar von Gott gelenkt werde . . . Das Maultier entschied für den Weg der Gnade.

Der Maure

Der Pilger ruft auf dem Wege nach Montserrat die Muttergottes an

So gelangte Ignatius zu dem eigenartigen Bergmassiv des Montserrat, der mitten in Katalonien seine mächtigen grünen Hänge erhebt und von gewaltigen Felszacken gekrönt wird, an denen die Behausungen der Einsiedler klebten. Der Ort schien ja auch wie geschaffen für sie. Auf einer Plattform in halber Höhe standen die Kirche und ein Benediktinerkloster, das Mutterhaus der Mönche, die von dort aus die Einsamkeit aufgesucht hatten. Sie wohnten die Woche über in Hütten und Höhlen und führten dort ein Leben der Einsamkeit und Abtötung; nur zum Gottesdienst besuchten sie die Klosterkirche.

Obwohl Ignatius vor der Seereise nach Jerusalem nur eine Wallahrt zum Montserrat machen und auf dem Weg nach Barcelona inen Aufenthalt einlegen wollte, blieb er viele Monate auf dem Berg nd in dem benachbarten Manresa. Man begründet das mit der Pest, ie in dem Mittelmeerhafen gewütet habe. Aber das wäre kein Hinernis gewesen. Ein wirkliches Hindernis jedoch war der Hof Hadrians VI., der gerade in diesem Jahr (1522) zum Papst gewählt woren war. Ignatius wollte in seinem Aufzug als armer Pilger nicht on irgendeiner der vornehmen Persönlichkeiten wiedererkannt verden, die den Papst auf seiner Reise von Spanien nach Rom begleiten. Es sieht wirklich so aus, als habe Ignatius für kurze Zeit daran edacht, den Rest seines Lebens bei den Benediktinern auf dem Montserrat zu verbringen. Zum mindesten wollte er einmal das Mönchsleben kennenlernen.

Bald nach seiner Ankunft vertraute er sich der geistlichen Leitung es aus Frankreich stammenden Paters Chanon an und legte eine eichte ab, und zwar nicht bloß mündlich, sondern schriftlich und ach langer Vorbereitung. Drei Tage verwendete er auf die Niederchrift seiner Sünden. Dann verbrachte er die Nacht zum 25. März, em Fest Mariä Verkündigung, wachend und betend wie die Ritter im Mittelalter, wenn sie den Ritterschlag empfingen. Er aber gab den itterstand auf: Seine Waffen, Degen und Dolch, hängte er am Gitter er Nische auf, in der sich das altehrwürdige Bild der Jungfrau Maia befand. Seine prächtigen Kleider hatte er bereits vorher einem Bettler geschenkt. Jetzt trug er eine Art Soutane aus Sackleinen, die r sich von einem Schneider hatte machen lassen, mit einem groben Strick als Gürtel, und in der Hand einen Pilgerstab. So betete er, bald stehend, bald kniend, aber ohne sich zu setzen.

Welche Überlegungen und Pläne haben ihn in dieser langen Nacht beschäftigt? Ohne jeden Zweifel waren es die Aufopferung einer selbst an Gott und die völlige Hingabe an seinen Willen. Am Morgen des 25. März hatte der zum Zorn neigende Ritter von Loyola wirklich den alten Menschen abgestreift. In der Folgezeit führte er inige Wochen hindurch im Gebirge das Leben eines Einsiedlers. Er nährte sich von Pflanzen, schlief in einer niedrigen Höhle und war en Gefahren der Einöde, ja, sogar den Angriffen wilder Tiere ausesetzt. Doch behielt er Verbindung mit seinem geistlichen Führer nd kam regelmäßig zum Gnadenbild, um zu beten. Als die strengen Gebote, die er sich auferlegte, ihm eine gewisse Berühmtheit einrachten, verließ er den Berg, um dem eitlen Ruhm zu entgehen, nd ließ sich einige Meilen weiter bei dem Städtchen Manresa am Ufer des Cardoner nieder.

Zwar dachte er noch an die Pilgerfahrt nach Jerusalem, aber erchob die Abreise hinaus. Denn er mußte sich zuerst sammeln, einie Monate lang über seine Erlebnisse nachdenken und sie gleichsam erarbeiten, um ganz der zu sein, der er geworden war. Das war der igentliche Sinn des Aufenthalts in Manresa: Eine schöpferische Paue, aus der er schließlich mit der klaren Erkenntnis seiner Berufung nd künftigen Lebensweise hervorgehen sollte.

Andererseits hatte der junge Höfling, der wie seine Kameraden und die Gefährten seiner Vergnügen nur eine mittelmäßige Bildung empfangen hatte und sich besser darauf verstand, die Waffen zu führen als die Feder, schon im Anfang seiner Bekehrung in Loyola damit begonnen, die gehaltvollsten und eindrucksvollsten Stellen seiner Lektüre in ein Heft zu schreiben. Die schriftliche Beichte auf dem Montserrat war schon mehr persönlicher Art. Nun schritt er in dieser Richtung weiter und machte sich die Aufzeichnung seiner inneren Erfahrungen zur Gewohnheit. Das Tagebuch seines inneren Lebens, das in einer Höhle des Steilufers hoch über dem Cardoner begonnen wurde, sollte eines der grundlegenden Bücher für das geistliche Leben des Abendlandes werden und darüber hinaus ein Hauptwerk jener Gattung, die man heute gerne als «Paraliteratur» bezeichnet und die oft einen tieferen Einfluß ausgeübt hat als viele Werke der eigentlichen Literatur.

Die Erfahrungen, die Ignatius jetzt niederschreiben konnte, waren recht ungewöhnlich, wie auch das Leben, das er führte, ganz am Rande des Normalen lag. Außer an Sonntagen aß er fast nichts und schlief unter freiem Himmel, wenn er nicht gerade eine armselige Herberge aufsuchte oder von barmherzigen Freunden, frommen Laien oder den Mönchen eingeladen wurde. Er vernachlässigte seine Kleidung und machte der Körperpflege nicht die geringsten Zugeständnisse: Haare, Bart und Fingernägel ließ er wachsen.

Die Religionsgeschichte kennt viele Beispiele für einen solchen Verzicht. Allein, zwischen unserem Asketen und irgendeinem indischen Yogi gibt es nur wenig Gemeinsames; denn Ignatius von Loyola schloß sich in seiner Selbstentäußerung nicht von den anderen ab, sondern blieb dem Nächsten zugewandt, er lehrte die Kinder und bot Büßern und Büßerinnen seine Hilfe an. Gerade in Manresa entdeckte er in seinem Innern das brennende Verlangen, *den Seelen zu helfen (aprovechar a las animas)*, von dem er später noch so oft geschrieben hat.

Doch dieses Apostolat baute nicht allein auf der schlichten religiösen Erfahrung und einer strengen Askese auf. In wenigen Monaten hatte sich Ignatius vielmehr ein reiches religiöses Wissen erworben, einmal durch das vertiefte Studium der Evangelien, dann aber auch, wie sich denken läßt, durch wiederholte Besuche auf dem heiligen Berg, dessen Umrisse er von Manresa aus sich am Himmel abzeichnen sah. Hier konnte ihm Pater Chanon auch die Begegnung mit der *Devotio moderna* vermitteln, die auf den Flamen Jan Ruysbroeck zurückgeht und so manchen religiösen Schriftsteller in dieser Zeit der methodischen Abhandlungen über das Gebet beeinflußt hat. *Ejercicios espirituales* – so nannte Ignatius selbst das Buch, in dem er seine ersten Erfahrungen niederlegte und das er in den nächsten zwanzig Jahren ständig erweiterte.

Das Gnadenbild von Montserrat, vor dem Ignatius gebetet hat

Der Montserrat, von Manresa aus gesehen

Die Entdeckung dieses Einflusses tut der Originalität des Verfassers jedoch keinen Abbruch. Ignatius wußte, aus welchen Quellen er geschöpft hatte und wieviel er seinen Vorbildern verdankte, aber er erwies dennoch dem eigenen Werke eine solche Hochachtung, als wenn eine höhere Kraft damals von ihm Besitz ergriffen und der unter diesem Eindruck entstandenen Schrift den Anspruch auf eine ehrfürchtige Bewunderung mitgeteilt habe, wie sie nur dem Heiligen zukommt. Vom Heiligen wurde er wirklich in Manresa angerührt, und als er dreißig Jahre später seine Lebenserinnerungen diktierte, berichtete er mit der Klarheit einer noch frischen Erinnerung von den außergewöhnlichen mystischen Gnaden, die ihm damals zuteil wurden. Sie waren in seinen Augen die Bestätigung für das, was er niederschrieb. Charakteristisch für jene Erlebnisse war auch der Zuwachs

an Wissen, den sie ihm brachten. Freimütig und mit erstaunlicher Unbekümmertheit erklärte Ignatius, er habe bei seiner Entrückung in der Höhle am Ufer des Cardoner mehr gelernt als später in den theologischen Vorlesungen, und ganz gewiß spielte er auf diese unmittelbare Belehrung und göttliche *Didache* an, wenn er später bezeugte, Manresa sei seine Urkirche gewesen. Er dachte dabei an seinen Erstlingseifer, aber auch an das außergewöhnliche Katechumenat unter der Leitung des Heiligen Geistes.

Die Visionen selbst hat Ignatius bis ins einzelne mit der Sorgfalt beschrieben, die der Erinnerung an kostbare Erlebnisse eigen ist. Einmal gab sich ihm die Dreifaltigkeit in ihrer unmittelbaren Wirklichkeit zu erkennen unter der Gestalt von drei Orgeltasten, die sich zur Erzeugung des gleichen Tones verbinden. Ein andermal erkannte er, wie Gott die Welt erschaffen hat und wie Christus in der Eucharistie zugegen ist. Auch Lichteindrücke empfing er, die ihm das Bewußtsein einer engen Verbindung mit Jesus und Maria gaben. Schließlich belehrte ihn eine innere Erleuchtung unweit der Kirche des heiligen Einsiedlers Paulus über sehr viele Dinge, die nicht nur den Glauben, sondern auch die weltliche Wissenschaft betrafen.

Wer beim Lesen dieser eigenartigen Bekenntnisse trotz seines Wohlwollens noch einen Anflug von Befremden verspürt und sie mit einer gewissen Zurückhaltung aufnimmt, wird in den Äußerungen des Ignatius selbst eine so lautere und beruhigende Einstellung dazu finden, daß seine kritische Sorge entwaffnet wird. In einem Brief an P. Nikolaus de Gouda aus dem Jahre 1553, also gegen Ende seines Lebens, den er seinem Sekretär Polanco diktiert hat, erklärte Ignatius ebenso zurückhaltend wie bestimmt, daß bei manchen Menschen *die Erlebnisse des höheren Teiles der Seele von gewissen Auswirkungen in ihren niederen Teilen begleitet werden.* Sie sind von Gott als Hilfe für den Menschen gewollt; denn *da Gott sieht, daß sie ihm nützen, läßt er sie geschehen.* Deshalb kann man auch nicht mehr von Halluzinationen sprechen, für die ein durch Fasten geschwächter Organismus einen günstigen Nährboden abgebe. Darf man aber umgekehrt von realen «Objekten» sprechen, die physisch wahrgenommen wurden? Auch in diesem Punkt beurteilt Ignatius das von ihm Erfahrene mit kluger Zurückhaltung. Er folgt dabei dem Apostel Paulus, der (2. Kor. 12,2) im Hinblick auf die Erscheinung bei Damaskus schreibt, er wisse nicht, ob er im Leibe oder außer dem Leibe zum dritten Himmel entrückt worden sei, aber der Herr wisse es.

Hat Ignatius in Manresa durch ein Leben, das in so wunderbarer Weise Askese, Mystik und Apostolat vereinigte, wenigstens den dauernden Frieden der Seele erlangt? Das war nicht der Fall, und der Außenstehende hört nicht ohne Verwunderung von den schrecklichen Prüfungen, die Ignatius durchmachen mußte. Zuerst waren es die Skrupel, die ihn trotz seiner Beichte quälten, die Erinnerung an seine Sünden, die ihn unablässig verfolgte, und der Zweifel an seiner Lossprechung. Dann kamen Trockenheit und Überdruß am Religiösen über ihn und schließlich sogar die Versuchung zum Selbstmord.

In dieser Not nahm er Zuflucht zum Gebet, verbunden mit dem strengsten Fasten vom Sonntag nach der Kommunion bis zum folgenden Sonntag. Das Mittel wirkte zunächst: die Skrupel verschwanden, aber am darauffolgenden Dienstag begannen sie von neuem. Da befreite ihn der Herr plötzlich durch ein besonderes Eingreifen der Gnade von dem Albdruck, und Ignatius bot den ganzen Scharfblick seiner Selbsterkenntnis auf, um darin wirklich und eindeutig das Handeln des Geistes Gottes zu erkennen.

Im Winter 1522/23 erfuhr er an einem ähnlichen Erlebnis, daß seine Abtötung und die dabei gewonnenen Einsichten nicht das letzte Ziel seines geistlichen Lebens sein konnten, und er entschloß sich, sie künftig nur noch als Mittel auf dem Wege zu dem eigentlichen Ziel zu betrachten, nach dem er strebte: dem Kommen des Gottesreiches durch die apostolische Tat. Das war eine wichtige Entdeckung, die auch entscheidend die Eigenart seines Ordens mitprägen sollte.

Nachdem alle diese Krisen überwunden waren und das Exerzitienbüchlein seine erste Gestalt angenommen hatte, verließ der Pilger Manresa und begab sich nach Barcelona, um dort ein Schiff zu su-

chen, das ihn nicht sogleich nach Palästina, sondern zunächst nach Italien bringen sollte. Denn damals war Venedig der einzige Ausgangshafen für alle Pilger, die ins heilige Land wollten.

Im Hafen von Barcelona, wo Ignatius sich in aller Bescheidenheit den Schiffskapitänen vorstellte und sie um kostenlose Überfahrt bat, begann die abenteuerlichste Zeit seines Lebens. Zunächst versäumte er ein Schiff, das dann mit allen Insassen unterging. Auf dem zweiten erlebte er einen furchtbaren Sturm. Der Weg von Gaëta nach Venedig führte ihn über Rom, wo er als guter Pilger den Segen des Papstes erbat. Auf dem Wege nach Venedig geriet er in die äußerste Not. Da nämlich die Pest das Land heimsuchte, fürchteten die Bewohner der Ortschaften sich vor jedem umherziehenden Fremden. Bei Fondi wurde er selber krank und mußte sich auf dem bloßen Boden hinlegen. Für den ganz Verlassenen und Mittellosen gab es fast keine Hoffnung mehr. Aber er stand doch wieder auf und wankte weiter. In Venedig schlief er unter den Arkaden des Markusplatzes. Dort erlangte er auch durch das Wohlwollen eines reichen Spaniers die Überfahrt auf einem gerade auslaufenden Schiff. Da er bei der Abfahrt noch krank war, litt er sehr unter dem Seegang und war ganz auf die Barmherzigkeit der Mitreisen-

Jerusalem vom Ölberg aus

den angewiesen. Die Matrosen, denen er ihr schlimmes Leben vorhielt, wollten ihn auf einer Insel aussetzen. Im heiligen Land erwarteten ihn neue Prüfungen. Denn die Pilger waren der Willkür der Türken ausgesetzt, die sie wie Touristen behandelten, ausbeuteten und möglichst viel Geld aus ihnen herausquetschten, wobei sie von Zeit zu Zeit auch mit dem Allerschlimmsten drohten. Obwohl Ignatius keinen Pfennig Geld besaß, gelang es ihm doch dank der Mildtätigkeit seiner Begleiter alle Stätten zu besuchen. Aber wenigstens einmal erfuhr er auch die Habgier und Bestechlichkeit der Beamten: Mit dem kleinen Messer, das zu seinem Reiseschreibzeug gehörte, mußte er sich von einem türkischen Wächter die Erlaubnis erkaufen, allein und außerhalb der Besichtigungszeit den umzäunten Bezirk am Ölberg betreten zu dürfen. Indem er seine Schere verschenkte, glückte es ihm, noch ein zweites Mal den berühmten Felsen der Himmelfahrt anzusehen, auf dem zwei Vertiefungen zu sehen waren, die angeblich von den Füßen Christi herrührten. Denn Ignatius wollte genau feststellen, wohin der letzte Blick des Erlösers bei seiner Himmelfahrt gerichtet war.

Als frommer und wißbegieriger Besucher hat Ignatius so an Ort und Stelle die «Vorstellung des Ortes», jenes Hauptstück seiner Gebetsmethode, geübt. Allein, hier in Jerusalem wurde die Formel *viendo el lugar* («den Ort sehen») in ihrem buchstäblichen Sinne wahr. Man mag über dieses Verlangen, sich handgreifliche Gewißheit zu verschaffen, denken, wie man will, man wird aber nicht leugnen können, daß sich darin ein glühender Glaubensgeist offenbart und der brennende Wunsch, die Tatsache der Menschwerdung Gottes in ihrer ganzen Wirklichkeit ernstzunehmen und so den Zeitgenossen Jesu, die ihn mit ihren leiblichen Augen sahen, möglichst nahezukommen.

Ignatius wollte ursprünglich in Jerusalem bleiben und dort die Ungläubigen bekehren. Aber die Franziskaner, denen die Sorge für die heiligen Stätten oblag, zeigten wenig Neigung, die Anwesenheit eines Schwärmers zu dulden, dessen frommer Eifer ihnen nur Schwierigkeiten mit den Türken zuziehen konnte. Um den lästigen Missionar zum Verlassen des Landes zu bewegen, gaben sie ihm zu verstehen, sie hätten das Recht, ihn zu exkommunizieren, wenn er nicht nachgebe und abreise.

Der Pilger gab nach. Die Rückreise wurde noch stürmischer als die Hinfahrt. Wieder ging das erste Schiff, das er nicht mehr erreichte, unter. Das zweite, das ihn dann aufnahm, brachte ihn nur bis zu einem süditalienischen Hafen, so daß er, um nach Venedig und dann nach Genua zurückzukommen, die ganze Halbinsel zu Fuß durchwandern mußte. Es war Winter, und der dünn gekleidete, schlecht ernährte und mittellose Pilger zog durch die Lombardei, wo die Heere Franz' I. und Karls V. gerade im Begriffe standen, aufeinander loszuschlagen. Er wurde als Spion gefangengenommen, und um ein Haar hätte man ihn eingekerkert. Das Schiff, das er darauf in Genua bestieg, wurde von Kriegsschiffen gehetzt. Doch durch alle

diese Gefahren ging Ignatius mit stets gleichbleibender, heiterer Unbefangenheit hindurch. Selbst in den schlimmsten Stunden dachte er nur an das Leiden Christi und seine eigene Unwürdigkeit, und es beunruhigte ihn einzig der Gedanke, daß er vielleicht in seinen Sünden sterben könnte.

Nach Barcelona zurückgekehrt, begann für Ignatius ein neuer Lebensabschnitt, der sich wesentlich von dem bisherigen unterschied. Er besuchte jetzt die Schule, setzte sich noch als Dreißigjähriger mit den Knaben auf eine Bank und lernte mit ihnen Latein und Grammatik. Neun volle Jahre, vom Februar 1524 bis zum März 1533, studierte er, um den Grad eines Magister artium zu erwerben, der etwa unserem Abitur entspricht.

Wie kam dieser plötzliche Entschluß zustande, der weder durch das Einsiedlerleben in Manresa noch durch die Wallfahrt nach Palästina vorbereitet gewesen zu sein scheint? Ignatius trug sich jedoch schon seit Manresa mit dem Gedanken, *den Seelen zu helfen,* und auch das Fehlschlagen seiner Pläne im Lande der Ungläubigen hatte seinen apostolischen Eifer nicht unterdrücken können. Wenn er aber predigen wollte, mußte er sich die nötige Vorbildung verschaffen und darüber hinaus durch Titel und Würden auch ein gewisses Ansehen.

Von Barcelona, wo seine Studien nur durch das Gebet gestört wurden, das ihn immer noch zu oft aus den Deklinationsübungen herausriß, siedelte er an die ausgezeichnete Universität Alcalá de Henares über, die erst vor kurzem durch Cisneros, den Erzbischof von Toledo und Vetter des bekannten Reformators des Klosters Montserrat, gegründet worden war.

Der neue Student war kein häufiger Besucher der Vorlesungen; denn ihn beherrschte das Verlangen, zu predigen und den Armen und Kranken zu helfen. Der Eifer entbehrte nicht der Gefahr, weil zu dieser Zeit die Sekte der Illuminaten in Spanien ihr Unwesen trieb. Bald geriet der fünfunddreißigjährige Student, der so sonderbar in Sackleinen gekleidet war und zusammen mit einigen Schülern in ähnlicher Kleidung den Kindern auf den öffentlichen Plätzen Unterricht erteilte, in einem Hospital wohnte und Geld oder Lebensmittel für die Armen erbettelte, in Verdacht.

Es dauerte nicht lange, bis man ihn anklagte, er sei ein *alumbrado,* d. h. ein «Erleuchteter», und ihn verhaftete.

Ein Hospital, eine Universität, ein Gefängnis: das sind die drei Orte, an denen Ignatius seit seinem Aufenthalt in Alcalá mit auffallender Regelmäßigkeit zu finden war. Bald waren es alle drei hintereinander, wie in Alcalá; bald nur zwei, wie die Universität und das Gefängnis in Salamanca oder wie die Universität und das Hospital in Paris. War er einmal nicht im Gefängnis, dann hatte er jedenfalls Scherereien mit der Inquisition, wie in Paris oder bald danach in Venedig.

Wieso konnte eigentlich der künftige Gründer der Gesellschaft Jesu und ein Mann, den man mit Recht als einen der rührigsten Vertreter der katholischen Reform betrachtet, so viele Ungelegenheiten von seiten der kirchlichen Obrigkeit bekommen?

Hierauf ist zu sagen, daß der große Strom der christlichen Reformbestrebungen, von dem die Reformation Luthers nur ein Nebenarm war, sich mancherorts in Unternehmungen von sehr fragwürdigem Wert äußerte. Die leidenschaftliche Abwehr des intellektuellen Formalismus, der Verknöcherung in den Frömmigkeitsformen und der starken Bindung an die Güter dieser Welt führte gerade manche fromme Leute zu einer Lebensweise, die in ihren Erscheinungsformen und in ihrer ethischen Begründung nichts mehr mit dem Christentum gemeinsam hatte. Wenn der «Erleuchtete» (*alumbrado*) Gott auf seinen eigenen Wegen suchte und ihn außerhalb jeder kirchlichen Ordnung, allein durch innere Eingebung und eine sich restlos verströmende Liebeshingabe zu finden hoffte, dann mußte er letzten Endes die menschliche Schwäche für so unwichtig in der Begegnung mit dem Unendlichen halten, daß selbst die ärgsten Laster nicht mehr zählen, da sie ja untergehen in dem Meer der reinen Gottesliebe.

Alcalá de Henares

Vor der öffentlichen Bestrafung des Ignatius sieht der Rektor von Montaigu seinen Irrtum ein

Diese Irrtümer und die Ausschweifungen, die sie nicht selten im Gefolge hatten, waren ein Gegenstand der Sorge für die kirchlichen Oberen. In Alcalá wollten sie sich Gewißheit verschaffen, ob der Student Ignatius von Loyola ein *alumbrado* sei und ob man wegen des sonderbaren Verhaltens mancher seiner Anhänger, namentlich aber seiner weiblichen Beichtkinder, nicht streng gegen ihn vorgehen müsse. Nach verhältnismäßig milder Haft, in welcher der Gefangene Besuch empfangen und die Leitung der Seelen fortsetzen durfte, war man von seiner Rechtgläubigkeit überzeugt und ließ ihn bald wieder frei, verbot ihm aber jede seelsorgerische Tätigkeit, bis er die notwendigen Prüfungen bestanden habe. Insbesondere verwehrte man ihm, fernerhin noch Schüler um sich zu sammeln und sie einheitlich zu kleiden.

Ignatius wollte die erhaltenen Befehle nicht übertreten und zog es deshalb vor, die Universität zu wechseln. Aber in Salamanca, wo er sich jetzt einschrieb, wurde er bereits nach zehn Tagen wieder verhaftet. Diesmal beschuldigte man ihn, er sei ein Erasmianer und maße sich an, die Sünden nach ihrer Schwere unterscheiden und beurteilen zu können, obwohl er noch keinen theologischen Grad besitze.

Abermals freigesprochen, faßte Ignatius den Entschluß, die Heimat zu verlassen und seine Studien in Paris fortzusetzen, vielleicht weil er meinte, das Maß sei jetzt voll. Jedenfalls war er sich nicht ohne Grund darüber im klaren, daß er nie wieder in Spanien die Freiheit genießen werde, die für seine Arbeit notwendig war. Man darf aber noch andere Beweggründe für diese Entscheidung annehmen, auch wenn sie sich scheinbar widersprechen: Einerseits wollte er wohl in einem Lande mit fremder Sprache leben, so daß er besser studieren konnte, weil er keine apostolische Tätigkeit zu übernehmen brauchte; andererseits war er aber auch wohl enttäuscht von der geringen geistigen Qualität seiner ersten Schüler und hoffte, im Quartier Latin bedeutendere Männer zu finden und für sich zu gewinnen.

Wie dem auch immer sei, nach dreimonatiger Reise kam Ignatius mit dem kleinen Esel, der seine Bücher und die anderen Habseligkeiten trug, in Paris an. Es war mitten im Winter (Februar 1528). Er besaß ein wenig Reisegeld, 25 Taler, die ihm eine fromme Frau in Barcelona geschenkt hatte, als er Spanien verließ. Da er eine Abneigung gegen Geld hatte, entledigte er sich schnell dieser Summe, indem er sie einem spanischen Mitstudenten zu treuen Händen anvertraute. Dann schloß er sich als Externer dem berüchtigten Kolleg Montaigu an, wo vor ihm schon Erasmus, Rabelais und Calvin gewohnt hatten. Wegen der dort herrschenden Lebensbedingungen war es die bevorzugte Zielscheibe für den Spott der Humanisten: Die Mahlzeiten und die sanitären Verhältnisse waren abscheulich, die Tagesordnung tyrannisch, die Unterrichtsmethoden veraltet. Aber bald geriet Ignatius in eine noch schlimmere Not, denn der Spanier hatte das ihm anvertraute kleine Vermögen vergeudet. Mittellos mußte Ignatius jetzt betteln gehen, um leben und seine Studien bezahlen zu können. Nachts hielt er sich im Pilger- und Bettlerasyl zum heiligen Jakobus auf, das in der Nähe der heutigen Porte Saint-Denis lag. Aber diese Lösung hatte bei dem weiten Weg zur Universität ihre Unzuträglichkeiten, da das Asyl morgens sehr spät geöffnet und abends schon früh geschlossen wurde. Nach einem vergeblichen Versuch, als Hausdiener im Kolleg unterzukommen, fand Ignatius schließlich einen Ausweg, der ihm sowohl Lebensunterhalt als auch die Möglichkeit zu studieren verschaffte: Er ging alljährlich nach Flandern zu den reichen spanischen Kaufleuten betteln. Einmal kam er sogar bis nach London. Diese Reisen brachten ihm von jetzt an jedes Jahr soviel Geld ein, daß er nicht nur selbst davon leben, sondern auch denen helfen konnte, die noch ärmer waren als er.

Die Kapelle Unserer Lieben Frau auf dem Montmartre

Dem ungetreuen Verwalter seines Geldes trug er nichts nach. Als er eines Tages hörte, daß dieser Student in Rouen krank darniederlag, entschloß er sich, ihn zu Fuß aufzusuchen, obgleich er selber in Not war und gerade nach Spanien zurückkehren wollte. Auf dem ganzen Hin- und Rückweg aß und trank er nichts, wahrscheinlich um mit diesem Opfer eine Gnade für die Seele des jungen Mannes zu erflehen, den er zu bekehren gedachte. Als er Paris hinter sich hatte, erfaßte ihn bei Argenteuil eine tiefe Freude und er begann *zu singen und zu jubeln und mit Gott zu sprechen,* während ihn noch am Vorabend der Reise eine Art panischer Angst gepackt hatte, in der sein ganzes Sein gegen das Vorhaben aufbegehrte. Auch diese ekstatische Freude, welche die Seele im Augenblick ihres Sieges über sich selbst erfüllt, ist ein Grundzug der ignatianischen Mystik.

Schon zu Anfang seines Pariser Aufenthaltes hatte Ignatius den Plan gefaßt, eine Schar junger Leute um sich zu sammeln, die nach Höherem strebten. Der Erfolg übertraf seine Erwartungen. Die neugewonnenen Gefährten verkauften in ihrer Begeisterung ihre Bücher, verschenkten ihr Geld und wollten sogar zu ihrem Freund in das Asyl St. Jakob übersiedeln. Die Vorgesetzten waren darüber entsetzt, und Ignatius wurde zum erstenmal verwarnt. Nach weiteren Mahnungen mußte er sich der entehrenden Strafe der *Salle* unterziehen. Das war eine öffentliche Auspeitschung durch die Präfekten im Speisesaal des Kollegs.

Aber schon bald begann Ignatius, klug geworden durch seine Erfahrungen mit der Mittelmäßigkeit seiner ersten Pariser Eroberungen, deren übertriebene Begeisterung nicht von Dauer war, eine Zeit gesammelten und fleißigen Studiums. Nachdem er endlich das Baccalaureat erworben hatte, siedelte er am 1. Oktober 1529 von

Montaigu in das St. Barbara-Kolleg über, um sich dort auf das Linzentiat vorzubereiten. Hier machte er die Bekanntschaft von zwei wertvollen Männern, die schon weiter in den theologischen Studien fortgeschritten waren und ihm bereitwillig Nachhilfeunterricht gaben. Beide sollten seine treuesten Schüler und Söhne werden. Der eine von ihnen, Franz Xaver, war ein Edelmann aus Navarra, der andere, Peter Faber, ein Bauernsohn aus Savoyen.

Während Ignatius sich auf die Prüfungen an der Universität vorbereitete, widmete er sich — diskreter als zuvor, aber darum um so wirksamer — der Arbeit an den Seelen, indem er verschiedenen Leuten die *Geistlichen Übungen* gab. Manche dieser Männer besaßen bereits höhere Grade als er selbst oder hatten sogar einen Lehrstuhl inne. Es handelte sich um eine ganz neue Art von Übungen. Sie bestanden darin, daß der Teilnehmer sich völlig in die Einsamkeit eines abgelegenen, ruhigen Zimmers zurückzog und sich einer wohldurchdachten Folge von Gebeten und Betrachtungen hingab, die alle auf das eine Ziel ausgerichtet waren: sich zu sammeln und fern von aller Zerstreuung zu sich selbst zu kommen und sich klar zu werden über das Ziel des Daseins und die eigenen Absichten, d. h. letztlich über den großmütigen und hochherzigen Eintritt in das Heer der Streiter Christi.

Peter Faber machte die Übungen mit einem so großen Eifer, daß der Meister ihn zügeln mußte. Franz Xaver tat es ihm nach. Ihm folgten Jakob Lainez und Alphons Salmerón, die ehemaligen Studenten von Alcalá, dann Simon Rodrigues und Nikolaus Bobadilla. Diese sechs jungen Männer begann Ignatius durch geistliche Gespräche unter vier Augen und Beratungen über die gemeinsame Zukunft zu einer Gemeinschaft heranzubilden, die dank der Freundschaft untereinander und der allen gemeinsamen religiösen Gedankenwelt immer festeren Zusammenhalt gewann. So erwachte bald das Verlangen, den Wunsch zum Zusammenbleiben durch ein feierliches Gelübde zu besiegeln, und am Morgen des 15. August 1534 machten sich alle mit Ignatius auf den Weg zum Montmartre.

An dessen Abhang stand eine Kapelle, die der Muttergottes geweiht war. Als die sieben Gefährten sich versammelt hatten, feierte Peter Faber, der einzige Priester in ihrer Mitte, das Meßopfer, in dessen Verlauf alle das feierliche Gelübde ablegten, das man mit Recht als den eigentlichen Gründungsakt der Gesellschaft Jesu betrachten kann, auch wenn die päpstliche Bestätigungsbulle für den neuen Orden erst sechs Jahre später erging. Die Gefährten verbrachten den Rest des Tages auf dem Hügel und nahmen ihr einfaches Mahl an einer Quelle ein.

Worin bestanden die Verpflichtungen, die von den sieben Freunden übernommen wurden? Sie wollten sich erstens dem Heil ihrer Seelen widmen in Keuschheit und Armut, vor allem aber niemals Geld annehmen für die Messen, die sie später feiern würden. Zweitens wollten sie ihr Leben in Jerusalem am heiligen Grabe verbringen und die Ungläubigen bekehren. Ignatius hatte also noch nicht seinem alten Plan entsagt, sondern wollte mit Verstärkung an die heiligen Stätten zurückkehren, die ihm die Franziskaner einige Jahre früher verwehrt hatten.

Für den Fall jedoch, daß sich die Reise nach Jerusalem oder der Aufenthalt bei den Türken als unmöglich herausstellen sollte, beschlossen die Gefährten, sich für die Aufgaben der Kirche zur Verfügung zu stellen und vom Papst selbst eine Arbeit zu erbitten.

Wie man sieht, gab Ignatius schon zu diesem Zeitpunkt der Tätigkeit, die er für sich und seine Freunde in Aussicht genommen hatte, zwei sehr bezeichnende Grundlinien mit: Auf der einen Seite besaß für ihn keine einzelne konkrete apostolische Arbeit einen absoluten Wert, sondern die Bereitschaft für jede Aufgabe war ebenso wichtig; andererseits erwartete er gerade vom Papst die konkreten Anweisungen für den Einsatz.

Nachdem Ignatius Ostern 1534 Magister artium geworden war, hatte er sich als Hörer der theologischen Vorlesungen bei den Dominikanern von St. Jakob einschreiben lassen. Da er jedoch Anfang 1535 krank wurde, empfahlen ihm die Ärzte die Rückkehr in das heimatliche Klima. Er unterbrach daher seine thomistischen Studien und machte sich wieder auf den Heimweg. Auf dieser Reise konnte er sich auch der soeben gegründeten Gemeinschaft nützlich machen; denn einige ihrer Mitglieder hatten ihm Aufträge für ihre Familien mitgegeben. Es handelte sich unter anderem um die Regelung von Besitz- und Erbschaftsfragen. Zwei Jahre später, also Anfang 1537, wollten sich die Gefährten in Venedig, dem Ausgangshafen für die Schiffe nach Palästina, wieder treffen.

Bevor Ignatius Paris verließ, besuchte er noch den Inquisitor Valentin Liévin und bat ihn um eine Bescheinigung, daß seine Rechtgläubigkeit über jeden Zweifel erhaben sei. Diese Vorsicht war nötig, weil die spanischen Behörden damals, wie Ignatius es selbst erfahren hatte, sehr empfindlich waren und in ihren Augen ein Student aus einer Stadt wie Paris, wo so viele neue Ideen aufkamen, höchst verdächtig sein mußte. Hatte Ignatius denn auch in Paris Schwierigkeiten mit der Inquisition? In der Tat wurde auch dort der Seelsorger, der das Gelübde vom Montmartre angeregt hatte, eines Tages von dem Dominikaner Matthäus Ori vorgeladen, um Rechenschaft von seiner kirchlichen Gesinnung abzulegen.

Geburtsstunde der Gesellschaft Jesu: Die Ablegung des Gelübdes auf dem Montmartre

Doch die Inquisition zeigte sich in Paris gnädiger gegenüber Ignatius als in Alcalá und Salamanca. Valentin Liévin, der Nachfolger Oris, erbat sich sogar eine Abschrift der *Geistlichen Übungen;* sein Interesse an der damals schon berühmten Schrift war aber mehr religiöser als amtlicher Natur.

Ignatius kam also wieder in seine Heimat, nahm aber nicht auf dem Schloß seiner Väter Wohnung, sondern zog den Aufenthalt in dem armen Magdalenen-Hospital im Städtchen Azpeitia vor, das eine halbe Meile von Loyola entfernt lag. Vielleicht wollte er damit zeigen, daß er mit der Welt und allen ihren Bindungen gebrochen hatte. Möglicherweise wollte er auch durch tätige Liebe und durch seine Predigten, die er in großer Zahl hielt, das Ärgernis wieder gutmachen, das er in seiner Jugend gegeben hatte.

Er regelte mit seinem Bruder die persönlichen Angelegenheiten, erließ einige Vermächtnisse für fromme Stiftungen, beteiligte sich an der Beilegung des langjährigen Zwistes zwischen den Herren von Loyola und den Ordensfrauen von der Unbefleckten Empfängnis in Azpeitia und leitete viele seiner Landsleute, Männer und Frauen, zu einem besseren Leben an.

Nach Besuchen bei den Verwandten seiner Gefährten in verschiedenen Städten, besonders in Obanos bei der Familie der Xaver, trat Ignatius die Seereise nach Genua an. Nachdem er einen gefährlichen Sturm überstanden hatte, wäre er zwischen Genua und Venedig im Appenin beinahe das Opfer eines anderen Unglücksfalles geworden. Er hatte sich auf einem Gebirgspfade verirrt und sah plötzlich seinen Weg durch einen Wasserfall versperrt. Hinter ihm lag der schroffe Abhang, den er zwar hatte besteigen können, aber nicht mehr zurückzugehen wagte, über ihm eine senkrecht aufsteigende Felswand und vor ihm eine steil abfallende Schlucht. Nur auf allen vieren kriechend, konnte er sich aus dieser Lage retten. Wie er später sagte, hat er sich damals in der größten Gefahr seines ganzen Lebens befunden.

Nach einer kurzen Reiseunterbrechung in Bologna kam er Ende 1536 in Venedig an, und während er auf seine Gefährten warten mußte, setzte er sein theologisches Studium fort und gab einigen einflußreichen Persönlichkeiten der Stadt die Exerzitien. Bald brachen auch die Gefährten auf. Ihre Reise durch Europa war infolge des Krieges zwischen Karl V. und Franz I. nicht ohne Gefahren, in den Reichsländern besonders für die französischen Mitbrüder, für die Spanier unter ihnen besonders auf französischem Gebiet. Wenn man die merkwürdige Gruppe dieser neun Männer (nach dem Gelübde vom Montmartre hatten sich den ersten sechs Schülern drei weitere angeschlossen) durch das Land ziehen sah, hielt man sie für Illuminaten oder gar Lutheraner, die unterwegs waren, um «irgendein Land zu reformieren». In diesem Zusammenhang muß bemerkt werden, daß man die Jünger des Ignatius in Italien *Inigisten* oder *Preti reformati* (reformierte Priester) nannte.

In Venedig begannen die zehn Gefährten eine geradezu heldenhafte Liebestätigkeit, die sich vor allem in den Hospitälern abspielte. Sie umsorgten die Kranken und übernahmen darüber hinaus die unan-

Landstraße auf der kastilischen Hochebene

Das Schloß, in dem Franz Xaver geboren wurde

genehmsten Arbeiten, wie die Reinigung der Säle, der Bettücher und der Wäsche sowie das Waschen und Begraben der Toten.

Trotzdem beseelte sie noch immer das Verlangen nach der Mission in Palästina. Bevor sie jedoch an die Abreise denken konnten, mußten sie erst einmal die Genehmigung des Heiligen Vaters hierzu einholen. Deshalb schickte Ignatius seine Gefährten nach Rom. Er selbst ging nicht mit, weil er befürchtete, in Rom mit einigen Leuten zusammenzutreffen, die er von Paris und Venedig her kannte, namentlich mit dem Kardinal Caraffa, dem Gründer des Theatinerordens. Denn in allzu großer Offenheit hatte Ignatius diesem Würdenträger einen ungeschickten Brief mit kritischen Bemerkungen über dessen neuen Orden geschrieben. Man kann sich den Unwillen Paul Caraffas vorstellen, der von Natur zum Zorne neigte. Derselbe Caraffa bestieg als Paul IV. später den päpstlichen Stuhl und nahm so durch eine merkwürdige Fügung der Geschichte von Ignatius und seiner Gesellschaft, der Rivalin seines eigenen Ordens, das besondere Gehorsamsgelübde entgegen.

Die Bedenken des Ignatius werden verständlich, wenn man weiß, daß sein wenig glückliches Auftreten in Venedig ihm solche Schwierigkeiten verursacht hatte, daß er wieder einmal die persönliche Entscheidung des päpstlichen Legaten hatte anrufen müssen, um sich von den ständig wiederholten Anschuldigungen bezüglich seiner Rechtgläubigkeit zu reinigen.

Die neun Gefährten kehrten aber mit guten Nachrichten aus Rom zurück: Papst Paul III. hatte sie nicht nur freundlich aufgenommen und gesegnet, sondern auch den Nichtpriestern unter ihnen das Recht bewilligt, sich durch einen Bischof ihrer Wahl in rascher Folge die Weihen spenden zu lassen. Dann machten sie als Vorbereitung auf die Priesterweihe ganz ungewöhnliche Exerzitien. Sie suchten in kleinen Gruppen die Städte Oberitaliens auf, bemühten sich um die Kranken, predigten und hörten Beichte.

Bald wurde klar, daß die bevorstehenden Kämpfe zwischen dem Abendland und den Türken jede Fahrt nach Jerusalem unmöglich machen würde. Daher beschlossen die Gefährten, sich gemäß der Schlußklausel ihres Gelübdes nach Rom zu begeben, und brachen im Herbst des Jahres 1537 dorthin auf.

Auf dieser Wanderung wurde Ignatius etwa 15 Kilometer vor Rom in einer kleinen Kapelle, La Storta genannt, eine berühmte Vision zuteil, die später sehr häufig erklärt und ausgedeutet wurde:

Er nahm eine solche Veränderung in seiner Seele wahr und sah so klar, wie Gottvater ihn seinem Sohne Christus zugesellte, daß er niemals daran zu zweifeln wagte . . .

So lesen wir in der Autobiographie des Ignatius. Die Überlieferung ergänzt die Angaben dahingehend, daß Ignatius sich auf Grund dieser Verheißung entschlossen habe, seiner Gründung den Namen *Gesellschaft Jesu* zu geben.

Die Vision von La Storta

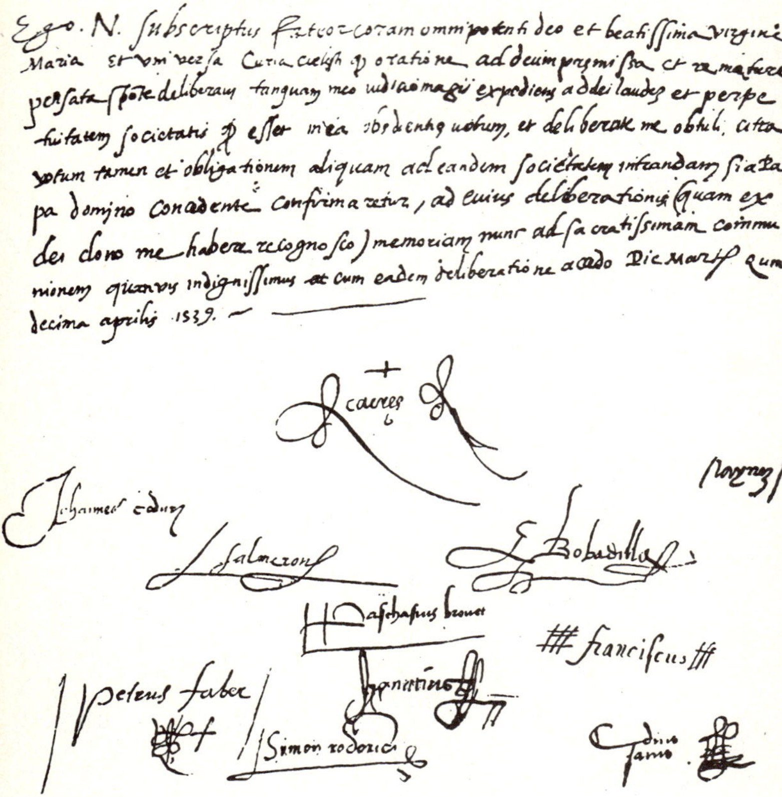

Gelübdeformel mit den Unterschriften des Ignatius und seiner ersten Gefährten

Möglicherweise hat er selbst die Worte *dem Sohne beigesellt werden* so aufgefaßt, als ob er wie Jesus verfolgt werden und das Martyrium erleiden würde. Diese Auffassung wird bestätigt durch seine von Lainez berichtete Äußerung: «Vielleicht werden wir in Rom gekreuzigt werden.» Ignatius wurde in seiner Annahme noch bestärkt durch die merkwürdige Beobachtung, daß bei ihrer Ankunft in den Straßen Roms alle Fenster und Läden geschlossen waren, als wolle man ihnen einen üblen Empfang bereiten.

Die Ereignisse bewiesen, daß diese Furcht berechtigt war. Denn anfänglich stellten sich Ignatius und den Seinen die größten Schwierigkeiten entgegen. Ihre Predigten in den römischen Kirchen brachten ihnen die Feindschaft von drei spanischen Klerikern ein, die zur Anhängerschaft des Augustinermönchs Mainardi gehörten. Dieser Prediger vertrat eine Lehre, die von Ignatius und den Gefährten sogleich als der Häresie verdächtig erkannt und bekämpft wurde. Damit zogen sie sich aber selbst den Vorwurf häretischer Bestrebungen zu. Ignatius wandte sich, wie schon früher, mit einer Beschwerde an die höheren kirchlichen Oberen und forderte, daß ihm ein ordentlicher Prozeß gemacht werde, der dann auch stattfand und mit einem öffentlichen Freispruch endete. Das Urteil erging im November 1538, und von diesem Zeitpunkt an verstummten die Verleumdungen, unter denen Ignatius so viele Jahre hatte leiden müssen.

Ruhig und von aller Furcht befreit, konnte er endlich in der Christnacht 1538 sein erstes Meßopfer feiern.

Auch in der Zeit der Prüfungen hatte die kleine Gemeinschaft ihre ebenso eifrige wie vielseitige apostolische Tätigkeit nicht unterbrochen. Gerade die Vielfalt der Arbeiten war für die ersten Jahre ihres römischen Aufenthalts kennzeichnend.

In dem strengen Winter 1538/39 eröffneten sie ein Armenhaus, und es gelang ihnen, etwa 3000 Menschen mit Nahrung zu versorgen. Sie organisierten ein Hilfswerk für die jüdischen und arabischen Konvertiten. Dem gleichen Zweck diente auch ein von ihnen in der Nähe des Kapitols errichtetes Haus. Ferner schufen sie ein Heim für Büßerinnen und stellten es unter den Schutz der heiligen Martha. Man muß nämlich wissen, daß es zu dieser Zeit in Rom sehr viele Dirnen gab. Bei der Volkszählung im Jahre 1517 war sogar festgestellt worden, daß ihre Zahl die der ehrbaren Frauen bei weitem überstieg[1]. Um dieser Landplage zu begegnen, rief Ignatius eine Art «Mädchenschutz» ins Leben. Faber und Lainez hielten damals theologische Vorlesungen an der Universität der Sapienza, während Ignatius zahlreichen bedeutenden Männern seine *Geistlichen Übungen* gab.

Um dieselbe Zeit berieten sich die Gefährten über ihre Lebensweise und die Art ihrer Gemeinschaft. Sie beschlossen, ihr eine festere Form zu geben, und begannen mit der Aufstellung von Satzungen, wozu sie täglich zusammenkamen, meistens in den Nachtstunden, da sie tagsüber von den anderen Aufgaben beansprucht wurden.

Ziemlich schnell hatte Ignatius im Jahre 1539 eine *Formula Instituti* zusammengestellt. Aber vor der endgültigen Anerkennung seines Werkes durch die päpstlichen Behörden gab es die größten Hindernisse. Der Kampf hatte fast achtzehn Monate gedauert, als endlich am 27. September 1540 in der Bulle *Regimini militantis Ecclesiae* die Bestätigung erfolgte.

Es mag verwundern, daß die Kardinäle und der Papst so lange mit der Bestätigung eines Ordens warteten, der tüchtige Männer ver-

---

1 Vgl. P. de Chastonay, «Die Satzungen des Jesuitenordens». Einsiedeln—Köln 1938, S. 43 f

einte, die gewillt waren, sich mit großmütigem Eifer dem Dienst der Kirche zur Verfügung zu stellen. Allein, es gab an der römischen Kurie einflußreiche Persönlichkeiten, die keine gute Meinung von den religiösen Orden im allgemeinen hatten und weit davon entfernt, neue Gründungen zu befürworten, sogar die bereits bestehenden Orden aufheben wollten. Aber auch die Satzungen der Gesellschaft, wie Ignatius sie vorgelegt hatte, gaben Anlaß zur Besorgnis: Was sollte vor allem der Verzicht auf das gemeinsame Chorgebet bedeuten? Ohne Zweifel war dieser Verzicht von der Tatsache her berechtigt, daß der neue Orden sich ungeteilt den apostolischen Aufgaben widmen wollte. Aber konnte man darin nicht auch unterschwellig Spuren einer gewissen Abneigung gegen die bisherigen Formen monastischer Frömmigkeit erblicken, die von heimlichen protestantischen Neigungen zeugten?

Dieser Verdacht war wohl mitbestimmend für die Zurückhaltung der Kurie und die Verzögerung der Bestätigungsbulle, die obendrein noch die Zahl der Ordensmitglieder auf 60 beschränkte. Indessen wurde diese Klausel schon einige Jahre später durch das Breve *Iniunctum nobis* (1544) aufgehoben.

Im Jahre 1541 nahm Ignatius nach langem Zögern, das anfänglich sogar eher eine klare Ablehnung war, und erst nachdem er auf Bitten der Gefährten dreitägige Exerzitien mit vielen Stunden des Gebetes gemacht hatte, die Wahl zum Generalobern der neuen Gesellschaft an. Diese Weigerung ist nicht ohne weiteres verständlich, und böswillige Biographen haben deswegen dem Ordensgründer vorgeworfen, er habe mit der angeblichen Ablehnung des Amtes ein nur noch inständigeres Drängen und schließlich sogar den förmlichen Zwang von seiten der Gefährten bezweckt, damit seine Wahl später um so unanfechtbarer würde und er infolgedessen eine um so größere Autorität besäße. Doch solche Überlegungen waren der Mentalität des Mannes ganz fremd. Da er bereits über fünfzig Jahre zählte und mindestens fünfzehn Jahre älter war als der älteste seiner Mitbrüder, sprach alles dafür, daß er General wurde. Sein Zögern aber entsprang nicht nur aufrichtiger Demut, sondern auch der ängstlichen Sorge, seine von den Zeitgenossen noch nicht vergessenen Jugendsünden könnten ihn, obwohl sie viele Jahre zurücklagen, weniger geeignet für das hohe Amt erscheinen lassen. Das war auch der Grund für die Exerzitien, die er bei einem Franziskaner in einem Kloster am Janiculus machte, und für seine Absicht, durch eine neue Generalbeichte, wie in Manresa, den Seelenfrieden zu gewinnen.

Am 21. April 1541 legten die Gefährten in St. Paul vor den Mauern während der von Ignatius gefeierten Messe und angesichts der heiligen Hostie die Profeß ab und empfingen aus seiner Hand die Kommunion.

Damit begann ein neuer Abschnitt im Leben des Ignatius. Fünfzehn Jahre lang, d. h. bis zu seinem Tode, leitete er seine Gesellschaft und trug zu ihrer außerordentlich schnellen Verbreitung bei. Während dieses verhältnismäßig kurzen Zeitraums wuchs die Zahl der Ge-

Papst Paul III. überreicht dem Ordensstifter die Bulle «Regimini militantis Ecclesiae» (1540)

führten um das Hundertfache. Mehr als tausend waren es im Jahre 1556; sie verteilten sich auf 12 Provinzen und 76 Niederlassungen. Man kann sich vorstellen, wieviel Verwaltungsarbeit ein solcher Aufschwung voraussetzte.

Davon zeugt noch heute die Sammlung von über 6800 Briefen, die Ignatius während seines Generalats in die ganze Welt hinausgeschickt hat. Sie sind freilich nicht alle von ihm persönlich geschrieben, sondern zum großen Teil von seinem Sekretär Juan de Polanco, aber meist nach seinem Diktat und immer nach seinen Anweisungen.

Von jetzt an ist der Alltag des Ignatius sozusagen unter dem Amt des Generals verborgen, und die Biographen berichten zwar von vielen Vorgängen, die jedoch zum größten Teil das Leben der Gesellschaft betreffen. Man ist erstaunt über den Gegensatz zwischen den abwechslungsreichen, merkwürdigen und manchmal sogar dramatischen Ereignissen im Leben des Ignatius in den Jahren vor 1540 und der Stille und Unscheinbarkeit, in der sich die letzten fünfzehn Jahre dieses Lebens abspielten. Der Schauplatz war, wenn man von den wenigen Reisen innerhalb Italiens und kürzeren Aufenthalten in einem Landhaus am Fuß des Aventin absieht, das kleine Stadtviertel, wo sich heute die Kirche Il Gesù erhebt, nicht weit vom Kapitol und der damaligen päpstlichen Residenz. Zuerst wohnte Ignatius in einem ärmlichen Haus gegenüber der Kapelle Unserer Lieben Frau vom Wege (della Strada), und dann seit 1544 in den neuerbauten Räumen bei dieser Kapelle, die der Gesellschaft in den ersten Jahren als Gotteshaus diente.

Aus den niedrigen Zimmern, die Ignatius in der wichtigsten Niederlassung des Ordens bewohnte, ergingen seine Befehle, Ratschläge und Anregungen an seine über die ganze Welt verstreuten geistlichen

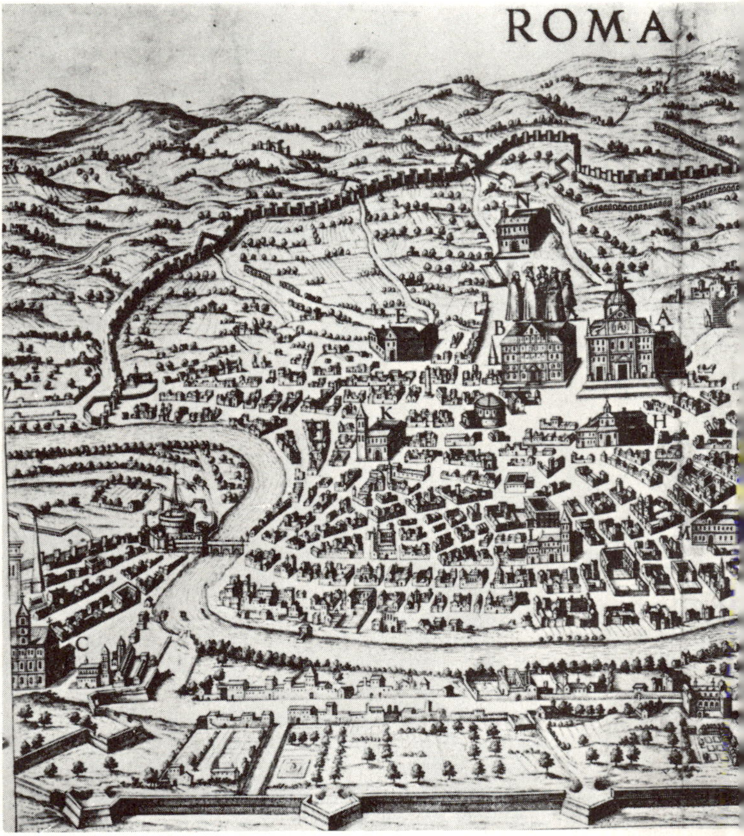

Söhne. Ständig kamen Mitbrüder in Rom an oder verließen die Stadt. Unter den Ankommenden waren bald auch junge Leute, die in den Provinzen eingetreten waren und nun die Vorlesungen des berühmten Römischen Kollegs besuchen wollten. Es war als erste der zahlreichen Bildungsstätten des Ordens 1551 gegründet worden. Aber es trafen auch immer wieder Mitbrüder ein, die zur Übernahme wichtiger Aufgaben herbestellt waren. Da aber alle später wieder mit Briefen in die europäischen Länder, nach Asien oder Amerika zurückkehrten, war bald die ganze Erde von einem immer dichter werdenden Post- und Nachrichtennetz überzogen.

Der Empfang, den Ignatius seinen Mitbrüdern bereitete, war ebenso von seiner Autorität wie von seiner Liebe geprägt. Wenn man die vielen Anekdotensammlungen durchgeht, die uns die Umgebung des Ordensgründers hinterlassen hat, ist man überrascht von dem eigenartigen Gegensatz gewisser äußerst strenger Maßnahmen und Strafen auf der einen und den ergreifenden Äußerungen väterlicher Liebe auf der anderen Seite.

Der kleine, hinkende Mann mit dem kahlen Scheitel und dem dünnen Barthaar um Mund und Kinn muß mit seinem durchdringenden Blick eine eigenartige Anziehungskraft ausgeübt haben. Die schwarzen, ein wenig hervortretenden Augen mit den schweren Lidern hatten einen leicht verschleierten Ausdruck, wie er sich nicht selten bei Menschen findet, die häufig weinen. Denn dieser strenge Mann, der einem seiner Untergebenen für ein uns geringfügig erscheinendes Vergehen eine mehrmonatige Wallfahrt als Buße auferlegen konnte, dieser Vorgesetzte mit dem harten Urteil, für dessen Regierungsweise «die Entlassung der Ungeeigneten» zu den wichtigsten Grundsätzen gehörte, dieser General eines schon damals einflußreichen Ordens, der täglich weitreichende Fragen mit Männern von Rang, mit Kardinälen, Gesandten und Königen zu besprechen hatte und den der Papst selbst oft um Rat fragte, dieser Mann, der so hart gegen sich und andere sein konnte, vergoß jeden Morgen bei der Meßfeier Tränen, weil er hingerissen war von der mystischen Liebe, die sein Herz bestürmte und erfüllte. Sein *Geistliches Tagebuch,* von dem wir nur noch wenige Blätter besitzen, verzeichnet die Gabe der Tränen für jeden einzelnen Tag und gibt mit peinlicher Genauigkeit an, zu welchem Zeitpunkt der Messe oder des Gebetes sie eintraten.

Doch dieser Mystiker verstand es auch, den Blick von den hohen Dingen abzuwenden und auf die Welt zu richten, in der er lebte, und auf die Menschen, die er bekehren und für den Dienst an der größeren Ehre Gottes gewinnen wollte.

Seitdem Ignatius im Obergemach der Burg seiner Väter über die ihn abwechselnd überwältigenden Gefühle nachgedacht und versucht hatte, zu unterscheiden, welcher «Geist» von Gott und welcher vom «Bösen» kommt, besaß er den schärfsten Blick für seine eigene Erlebniswelt. Er brauchte nur die Herzensschau, die er durch ständige Gewissenserforschungen noch vertiefte, auf das innere Leben der anderen Menschen zu richten, und alle Geheimnisse der fremden Seele lagen offen vor ihm. Wenn es ein Wort gibt, das die geistige Eigenart des Ignatius treffend umschreibt, dann ist es das Wort Diskretion. Man darf es aber nicht bloß in seiner üblichen Bedeutung verstehen als «genaues Unterscheiden», sondern muß es in seinem Vollsinn nehmen, der in den lateinischen Stammwörtern *discretio* und *discretus* mitenthalten ist, d. h. als Taktgefühl und Zurückhaltung, verbunden mit einem feinen und sicheren Urteil.

Noch ein anderer Zug ist dieser Persönlichkeit eigen, obwohl er nicht sofort auffällt: die eigentümliche Verbindung von Stärke und Zartheit im Verhältnis zu Gott und zu den irdischen Dingen. Die Psychologie jener Zeit hat in ihrer Analyse der drei Seelenkräfte eine Entsprechung zu dieser Verbindung. Denn sie unterschied in der menschlichen Seele, genau wie Ignatius in der ersten Betrachtung der ersten Exerzitienwoche, die drei Fähigkeiten des Gedächtnisses, des Verstandes und des Willens, wobei der Wille sowohl das Strebevermögen als auch das Gemütsleben umfaßte. So war auch der «Wille» bei Ignatius auf der einen Seite hart und unerbittlich, andererseits aber auch von einem harten und innigen Gefühl beseelt. Ein solcher Geist war von mittelmäßigen Geistern einfach nicht zu erfassen, und daraus erklärt sich die Abneigung, die das «Militärische» des Ordensgründers bei denen hervorgerufen hat, die unter der spröden Schale den Kern der glühenden Gottesliebe nicht sahen. Welch vornehme Zurückhaltung dagegen und gleichzeitig welche zarte Empfindsamkeit, die sich gleichwohl niemals gehen läßt, waltet beispielsweise in den Beziehungen zwischen Ignatius und Franz Xaver! Wenn die Geschichte der Begegnung von zwei Heiligen, wie es etwa die auf dem Gemälde Fra Angelicos dargestellte Begegnung zwischen Franz von Assisi und Dominikus ist, eine große Bedeutung für die gesamte christliche Frömmigkeit zuschreibt, dann verdient es auch die Abschiedsszene zwischen Ignatius und Franz Xaver, durch einen großen Künstler festgehalten zu werden. Im Jahre 1540 hatte der portugiesische Gesandte Pedro Mascarenhas den Ordensgründer um zwei Priester für die wichtige Indienmission gebeten. Die junge Gesellschaft war offiziell noch gar nicht gegründet und zählte überhaupt erst zehn Mitglieder; aber die sich bietende Aufgabe war so bedeutend, daß eine Ablehnung der Bitte auf Unverständnis gestoßen wäre. Ignatius dachte zuerst daran, Simon Rodrigues und Nikolaus Bobadilla hinzuschicken; aber der letztere wurde vor der Abreise krank. Da entschied sich Ignatius für den Magister Franz, den er selbst einst nach langem Ringen gewonnen hatte, und dessen geistlicher Lehrer er geworden war, wie er vorher in den weltlichen Wissenschaften sein Schüler war. Ignatius ließ Franz Xaver in das bescheidene Zimmer kommen, in dem er selbst krank darniederlag, teilte ihm die Bitte Mascarenhas' mit und fügte hinzu: *Das ist eine Sache für Sie.* Die Antwort Franz Xavers lautete: «Pues, sus, heme aqui! (Gut, gehen wir! Ich bin bereit.)» Dann ließ er sich sofort seine alte Soutane ausbessern und trat wenige Stunden später die Reise an. Im Augenblick ihres Abschieds wußten die beiden Männer, daß sie sich wahrscheinlich nie mehr wiedersehen würden. Wenn Franz Xaver später in Indien einen Brief seines Meisters Ignatius empfing, dann las er ihn nur auf den Knien. Dennoch hatte der General keine Bedenken, ihm 1553 eine Nachricht zu schicken, in der er ihm im heiligen Gehorsam die Rückkehr nach Europa befahl. Der entschiedene Ton des Briefes ließ keine Widerrede und keine Ausflucht zu.

Aber der Brief war schon an einen Toten geschrieben; denn sechs Monate vorher, am 3. Dezember 1552, war Franz Xaver auf der kleinen Insel Sancian einsam gestorben, vor den Toren Chinas, dessen Bekehrung er sehnlichst gewünscht hatte, das ihm als gelobtes, aber für ihn noch immer verschlossenes Land erschienen war. Kaum vier Jahre nach seinem großen Freund starb auch Ignatius in der Einsamkeit. Man fand ihn am Morgen des 31. Juli 1556 tot auf, nach einem nächtlichen Todeskampf in tiefstem Schweigen, das nur einmal von dem Ausruf *Mein Gott!* unterbrochen worden war. Der Krankenbruder im Zimmer nebenan hatte das letzte Wort zwar vernommen, ihm aber keine Beachtung geschenkt, weil er es für eines der üblichen Stoßgebete des Ignatius hielt, nicht aber für das, was es in Wirklichkeit war: der Beginn einer Zwiesprache mit Gott, die kein Ende nehmen sollte.

Ignatius hat – anders als viele Mystiker und Ordensgründer – kein großes Lehrwerk oder auch nur einen kurzen Leitfaden mit den Hauptgedanken seiner geistlichen Lehre hinterlassen. Wenn man seine Korrespondenz beiseite läßt, hätte die Sammlung seiner Werke in einem kleinen Buche Platz, das noch nicht doppelt so umfangreich wäre wie dieses Bändchen. Es enthielte lediglich die *Geistlichen Übungen*, die *Satzungen*, den *Bericht des Pilgers* sowie das noch erhaltene Fragment des *Geistlichen Tagebuchs*.

Die *Geistlichen Übungen* sind eine Art Methodik für die Exerzitien, die *Satzungen* das Gesetzbuch für das Leben der Ordensgemeinschaft. Bei dem *Bericht des Pilgers* handelt es sich keinesfalls um eine absichtslose Darstellung, die nur unterhalten, sondern um eine Schrift, die dem Nutzen der anderen dienen will. Ignatius hat sie nur deshalb herausgegeben, weil es seinen Mitbrüdern gelang, ihn von ihrer Nützlichkeit zu überzeugen. Das *Geistliche Tagebuch* gibt zwar Rechenschaft über die außerordentlichen Gnaden, die Ignatius geschenkt wurden, aber es ist vor allem auch eine Art Buchführung über ganz konkrete Fragen, die er jeweils zu entscheiden hatte, wie etwa die Frage, ob er den Kirchen der Gesellschaft die vollständige oder eine gemilderte Armut zur Pflicht machen solle. Die ganze Korrespondenz schließlich, die mehrere Quartbände füllt, verfolgte nur den einen Zweck, den Mitmenschen in seinen Aufgaben, in seinem Leben und Denken höher zu führen, gleichgültig, ob es sich um einen Jesuitenobern in einem wichtigen Hause oder um irgendeine einfache Ordensfrau handelte.

Alle ignatianischen Schriften sind also nicht nur auf eine äußere Tätigkeit ausgerichtet, sondern kommen auch aus einer tiefen Erfahrung und sind sozusagen in einer inneren Erleuchtung verfaßt, die in glühendem Gebet erfleht wurde. Man wäre auch auf falschem Wege, wenn man in diesen Texten das suchte, was man ein literarisches Werk nennt, eine Sammlung von Begriffen zur Vermittlung eines objektiven Wissen oder gar eine systematische Lehre. Es geht hier vielmehr um etwas ganz anderes, nämlich um ein System von Anleitungen, denen man sich vertrauensvoll hingeben und nach denen man irgendwie zu leben versuchen muß, auch wenn man sie zunächst noch nicht in ihrem theoretischen Sinne erfaßt.

Allzu scharfe und geschliffene Formulierungen sind gefährlich, weil sie zur Vereinfachung und damit zum Mißverständnis verleiten. Wenn man zum Beispiel erklärt, daß Franz von Assisi schlechthin «der Arme» ist und daß sich seine ganze Weisheit in dem Ideal der Armut erschöpft, dann gibt man kein vollständiges Bild von der Gestalt des Poverello. Doch der Verstand neigt immer zu solchen Zusammenfassungen, als ob man, ausgehend von einem Grundzug, sehr leicht alle anderen Züge ableiten und so nach und nach ein wirklichkeitsgerechtes Gesamtbild zeichnen könnte.

Es wurde schon oft versucht, Ignatius von Loyola auf diese Weise

in den Griff zu bekommen. Man hat in ihm etwa den *Soldaten Christi* gesehen und den vorgegebenen Begriff in seine einzelnen Bestandteile aufgelöst: Als Soldat habe Ignatius eine Armee mit mehr oder weniger geheimen Dienstanweisungen und einer sehr strengen Disziplin aufgebaut. Auch sei der Begriff des Soldaten eng mit dem Begriff des Krieges verbunden. Aber so richtig es auch ist, daß Ignatius und die Seinen im Kampf mit dem Teufel stehen, so schwierig dürfte es sein, wirklich nachzuweisen, daß sie sich auch im Kriegszustand mit den Feinden der Kirche befinden. Und das um so mehr, da gerade die Gegner der Gesellschaft diese Bildersprache übernommen haben und ihrerseits keine Gelegenheit versäumten, die «Armee der Jesuiten», ihre Manöver und Listen anzuprangern.

Recht beliebt ist es auch, Ignatius als *Ritter Gottes* und treuen Lehnsmann Christi zu bezeichnen. Man weist darauf hin, daß er von adeliger Abstammung war; aber weil es nicht in den Rahmen paßt, übersieht man geflissentlich den Umstand, daß er Baske war, und schreibt ihm statt dessen Eigenschaften zu, die nach allgemeiner Überzeugung viel eher dem Spanier zukommen, und macht ihn so kurzerhand zu einem spanischen Caballero.

Ohne Frage hat Ignatius' Hingabe an seinen Gott, d. h. an den Gottmenschen Christus, gewisse Ähnlichkeiten mit der Bindung eines mittelalterlichen Vasallen an seinen Lehnsherrn. Es wurde auch schon oft auf die tiefe Ehrfurcht hingewiesen, die die Gottesliebe des Ignatius durchseelt. Seine Mystik ist eine Mystik des D i e n s t e s, und zwar des Dienstes für den Allerhöchsten.

Manche sind in dieser Richtung sogar so weit gegangen, daß sich ihnen der Vergleich zwischen Ignatius und jenem «Ritter von der traurigen Gestalt» geradezu aufdrängte[1]. Doch das ist nicht mehr als der nette Einfall eines geistreichen Schriftstellers und ebenso arm an ernsthaften Erkenntnissen wie der Einfall des Politikers, der sich darin gefällt, Ignatius und Lenin miteinander zu vergleichen.

Die Bilder aus dem Soldaten- und Ritterleben, die sich in den *Geistlichen Übungen* finden, dürfen uns nicht zu Illusionen verleiten. Denn schon immer hat die religiöse Sprache Anleihen auch bei der militärischen Sprache gemacht. Aber es besteht doch ein großer Unterschied zwischen der symbolischen Ausdrucksweise, die in pädagogischer Absicht übernommen wird und in der eine ganz naive Anpassung an den jeweiligen Menschen erlaubt sein mag (man vergleiche etwa die bilderreiche Sprache in den Erbauungsbüchern der Jesuiten im 17. Jahrhundert), und dem eigentlichen, von Einkleidungen und Ausschmückungen unabhängigen Gehalt einer geistlichen Lehre.

---

1 Die Parallele zwischen Ignatius und Don Quijote — ein schon ziemlich abgedroschener «Einfall» übrigens — hat etwas so Anregendes, daß man sie oft als Schlüssel für das Verständnis hinstellt, als ob man Ignatius nur von den fahrenden Rittern her verstehen könne. Aber genau das Gegenteil ist richtig: Man muß sehr gut die geschichtliche Gestalt eines Ignatius von Loyola und seinesgleichen kennen, um die literarische Gestalt bei Cervantes zu verstehen, die im übrigen weit hinter den strahlenden Gestalten zurückbleibt, die die Liebe und der gelebte Glaube erfunden haben.

Ignatius in jungen Jahren

Wenn man die Lehre des Ignatius auf eine einfache Formel bringen will, die trotzdem die Möglichkeit für reiche begriffliche Ausdeutungen bietet, so muß man vielleicht auf den Gehorsamsgedanken zurückgreifen.

Denn erstens findet sich gerade dieses Wort im Munde aller, die über die Gesellschaft Jesu sprechen, obgleich es da nicht immer mit freundlicher Betonung gesprochen wird. So sagt man etwa: *Sich fügen wie ein Leichnam ... wie ein Stab in der Hand eines Greises,* das ist die Bestimmung, die Ignatius seinen Jüngern gegeben hat. Dabei denkt man an ein trauriges, unglückliches Los, eine furchtbare Erniedrigung und Entwürdigung, die Vorgesetzte solchen Menschen zuweisen, die nun einmal so dumm gewesen sind, ewige Gelübde abzulegen. Unvoreingenommenere Geister werden den Gehorsam als hohe Tugend ansehen, für die sie allerdings nicht geschaffen seien. Manche werden in der Unterwerfung des eigenen Willens sogar eine Art Selbstaufgabe erblicken und darüber ihr mit philosophischen und moraltheologischen Gedanken wohlbegründetes Vernichtungsurteil fällen. Viele schließlich werden glauben, daß der Gehorsam des Jesuiten nur ein Mittel und kein Ziel ist, und daß Ignatius, als er ihn zum Kernstück seiner Regel machte, damit lediglich seiner Gründung Geschlossenheit und Dauer verleihen wollte. Dabei gibt man gerne zu, daß eine Gemeinschaft von Menschen alle Aussicht auf Macht und Berühmtheit hat, wenn sie in ein derartig engmaschiges Netz unbedingten Gehorsams eingeschlossen ist, daß jeder Befehl des schwarzen Papstes in Rom blindlings von einem Ende der Welt bis zum andern befolgt wird.

Auch wenn man nicht der Versuchung unterliegt, nur der landläufigen Meinung zu widersprechen, ist es reizvoll, gerade von diesem umstrittenen Begriff auszugehen in der Annahme, daß er wohl gerade deshalb ein Schlüsselbegriff sein kann, weil er soviel Unbehagen, Widerspruch und Feindschaft erregt.

Gewiß finden sich in der ignatianischen Spiritualität sehr mannigfaltige Züge, die sich nicht alle unmittelbar auf das Prinzip des Gehorsams zurückführen lassen. Es wäre auch unerträglich, wollte man die Untersuchung eines verwickelten religiösen Sachverhalts mit der Erklärung eines einzigen Begriffs erledigen, so bedeutungsvoll er auch sein mag. Doch alle diese Einzelzüge sind weniger bezeichnend, da man sie auch bei vielen anderen Ordensfamilien findet.

Umgekehrt ist der Grundsatz des Gehorsams nicht erst von Ignatius erfunden worden. Denn er und seine Gesellschaft waren im Verlauf der Geschichte nicht die einzigen, die den Gehorsam gegen Gott und den Papst gefordert haben. Doch Ignatius hat ihm die erste Stelle zuerkannt und ihn, indem er ihn zum Mittelpunkt seiner Regel machte, stets als das besondere Kennzeichen der Gesellschaft Jesu betrachtet.

Auch aus diesem Grunde muß man sich an den Begriff halten und

Franz Xaver schreibt in Indien kniend einen Brief an Ignatius

vom ignatianischen Gehorsam ausgehen, wenn man in einer eingehenden Untersuchung das geistige Band aufzeigen will, das dem Wirken des Ordensgründers seine letzte Einheit und Geschlossenheit verleiht.

Man sieht auf den ersten Blick, daß das «Gehorchen» in der geistlichen Lehre des Ignatius dieselbe Rolle spielt wie das «Denken» in der Philosophie des Descartes, doch mit dem Unterschied, daß das *Cogito, ergo sum* die Einsicht in eine theoretische Wahrheit ausdrückt, während Ignatius bei der Entdeckung des Imperativs zum Gehorsam sich ganz durchdrungen weiß von einer praktischen Wahrheit, die völlig auf das Tun ausgerichtet ist. Aber es ist vielleicht richtiger, die Gewißheit, mit der er diese Wahrheit erlebt, in Verbindung zu bringen mit der kantischen Erkenntnis des Sittengesetzes, das in der praktischen Vernunft und im kategorischen Imperativ unmittelbar gegeben ist, d. h. nicht bezweifelt und keiner vorgängigen kritischen Rechtfertigung unterworfen werden kann. Dabei ist jedoch ein Unterschied zu beachten: Die «Intuition» des Ignatius gehört einer anderen Ordnung an, hängt von der Gnade ab und erhebt uns, wenn wir mitwirken, in die Welt des Absoluten.

Es handelt sich also um Intuition, nicht um das Ergebnis einer logischen und rein gedanklichen Ableitung. Denn der zweite Gedanke schließt sich, genau wie in der berühmten cartesischen Formel, unmittelbar an den ersten an, wobei das verbindende Also die Evidenz mehr verkündet als beweist: *Deus est, ergo oboedio* (Gott ist, also gehorche ich).

Da nämlich Ignatius von Loyola ganz durchdrungen ist von Ehrfurcht und Anbetung gegenüber der unendlichen Majestät seines Schöpfers und Herrn, sieht er überhaupt keine andere Möglichkeit als die Haltung des unbedingten Gehorsams und der völligen Unterwerfung unter den göttlichen Willen. Und weil er seine eigene Situation deutlich als Abhängigkeit der endlichen Kreatur empfindet, kann er sich überhaupt nicht vorstellen, daß sein Wille sich dem Willen Gottes widersetzt, ja, er kann es nicht einmal verstehen, wie außerhalb der göttlichen Absichten die eigenen kleinen Absichten noch zu Recht bestehen können. Diese Aufgabe des eigenen Wollens begegnet uns am Anfang eines jeden Weges mystischer Erfahrung: sie gehört zu den Grundlagen der Askese überhaupt. Bei Ignatius geht diese Form der Askese aber nicht über in die passive Erwartung der göttlichen Gnade in einer Seele, die sich ihrer selbst entleert hat, um die unendliche Fülle aufzunehmen, sondern in den Tatendrang, der sich vollkommen eins weiß mit dem göttlichen Willen.

Ignatius hat die Vaterunser-Bitte wörtlich verstanden und darin den einzigen Sinn seines ganzen Daseins gesehen: dafür zu sorgen, daß der Wille Gottes geschehe *wie im Himmel also auch auf Erden.*

Wer ein solches Ziel hat, muß sich auch Antwort geben auf die zwei Fragen: Was ist der Wille Gottes? Und wie soll man ihn auf die bestmögliche Weise erfüllen? Diese beiden Fragen waren für Ignatius eine Quelle der Unruhe, ja, der Angst. (Der Ausdruck ist nicht übertrieben, sondern läßt sich an Hand vieler Stellen des *Geistlichen Tagebuchs* rechtfertigen.) Weil der Gehorsam des Ignatius ständig von dieser Gewissenssorge geprüft und kontrolliert wird, ist er ebensoweit vom Quietismus wie von jenem äußerlichen Aktivismus entfernt, dessen Kennzeichen das geschäftige Tun um des Tuns willen ist, der weder das Ziel noch die Mittel des Handelns ernstlich prüft und der, kurz gesagt, hinter dem Alibi des Dienstes an der Religion und für Gott nur die allzu menschliche Neigung versteckt, der Welt den eigenen Willen einzuprägen und aufzuzwingen.

Ignatius hingegen hatte sein Leben lang nur den einen Wunsch,

Gottes Willen genau zu erkennen und ihm den seinen gleichförmig zu machen.

Wir erinnern uns noch, wie er nach seiner Bekehrung den Mauren verfolgte und beinahe einen Mord begangen hätte. Bei dieser Begebenheit fällt uns etwas besonders auf: Ignatius überlegt, was seine Pflicht ist; dann schwankt er, und schließlich läßt er von seinem Vorhaben ab. Aber nimmt er dabei nicht, nachdem er mit seinen eigenen Kräften nicht die richtige Lösung hatte finden können, seine Zuflucht zu einem Mittel, das man als «Knobeln» bezeichnen könnte, wenn man sein Verhalten nach unseren modernen Maßstäben beurteilen will? Nein, sondern er befragt lediglich Gott auf eine Weise, für die es viele Beispiele in den mittelalterlichen Romanen gibt, wo der ritterliche Held sich in einer Notlage seinem Reittier überläßt und der Himmel selbst dem Tier den richtigen Weg eingibt.

Wenn man will, kann man darin eine Karikatur sehen, die noch wenig mit den klugen und planvollen Überlegungen der späteren *Electio* (Wahlbetrachtung) zu tun hat; aber ganz sicher liegt darin auch ein wichtiger Hinweis für die Einschaltung des Gewissens, die für Ignatius so bezeichnend ist.

Später hat Ignatius nur noch die Methoden verfeinert und vervollkommnet, mit deren Hilfe er den Menschen zu einer immer sichereren Erkenntnis des Willens Gottes führen wollte.

Das erste und wichtigste Mittel hierzu ist das Gebet um Erleuchtung von oben. Sowohl im *Bericht des Pilgers* als auch im *Geistlichen Tagebuch* berichtet Ignatius in der Tat von inneren Erlebnissen, in denen er zwar keine konkreten Anweisungen, aber sehr oft die Bestätigung seiner richtigen Entscheidungen erhielt.

Es scheint allerdings, als habe er diese Möglichkeit als große Ausnahme betrachtet: Selbst bei seinen Jüngern sah er es nur ungern und mit einiger Besorgnis, wenn sie mit der Welt des Übernatürlichen in unmittelbare Berührung treten wollten – ein Mißtrauen übrigens, das seine Gesellschaft von ihm übernommen hat.

Das zweite und zunächst einfacher aussehende Mittel ist das betrachtende Nachdenken oder, wie die Psychologen sagen würden, die Introspektion. Dabei hilft die «Unterscheidung der Geister», zu der jeder gelangen kann, der sich der Anleitung des Ignatius willig überläßt. Man darf jedoch nicht meinen, daß man die guten Eingebungen schon erkennen kann, wenn man lediglich nach einer bestimmten Methode seinen Verstand anstrengt: auch hier muß die Gnade helfen. Auch hier ist es Gott selbst, der – obwohl mittelbarer als im mystischen Einfluß – dem Geschöpf seinen Willen kundtut, wenn dieses sich in der rechten Weise bereit gemacht hat für die Antwort, die es sucht.

Endlich kann es auch vorkommen, daß die Seele bei mehreren Möglichkeiten, die sich für ihr Wirken nach außen anbieten, nicht weiß, welche sie wählen soll. In diesem Fall muß sie sich an die sichtbaren Vertreter Gottes auf Erden wenden, vor allem an den Papst, weil er nicht nur über die laufenden, weltweiten Aufgaben der Kirche am besten unterrichtet ist, sondern auch kraft des Beistandes des Heiligen Geistes das besondere Charisma besitzt, den Willen Gottes authentisch zu deuten.

Dabei muß betont werden, daß der ignatianische Gehorsam kein bequemes Mittel ist, das ein ehemaliger Soldat erfunden hat, um die Disziplin aufrechtzuerhalten, sondern das anderen Menschen weitergegebene Erbe reichster und tiefster mystischer Erfahrungen.

In den Lebensbeschreibungen des Ignatius beruft man sich gewöhnlich auf Ereignisse wie die Verzückung am Ufer des Cardoner, die Vision von La Storta oder das Zeugnis des Ignatius selbst über die ihm verliehene Gabe der Tränen, um ihn mit Theresa von Avila und Johannes vom Kreuz unter die Großen einzureihen, die sich außerordentlicher Gnaden Gottes erfreuten. Aber vielleicht hat er gerade in dem Augenblick die unverwechselbare Eigenart seiner Mystik gezeigt, als er jedem eigenen Wollen entsagte oder vielmehr Gottes Willen an die Stelle des eigenen setzte und erkannte, daß er nur so in Gott wirken kann und daß nur so sein eigener Wille vollkommen mit dem Willen Gottes übereinstimmt.

Daß Gott manchen Menschen die Gnade einer intellektuellen inneren Schau gewährt, ist ohne weiteres verständlich: Ignatius selber hat diese Gnade erfahren. Es ist auch verständlich, daß die zweite Seelenkraft, Gefühl und Gemüt, von Gott bewegt werden und in sinnlicher Weise die Gegenwart der unendlichen Liebe wahrnehmen kann. Warum also könnte nicht auch der Wille als die dritte Seelenkraft in einer ihm angemessenen Weise das unmittelbare Einswerden mit Gott erleben und aus diesem Erlebnis der Übereinstimmung eine unaussprechliche Freude schöpfen? [1]

Das Streben des Ignatius nach Gleichförmigkeit mit dem Willen Gottes war nichts anderes als der Versuch, aufmerksam und liebend auf den unendlichen Willen zu lauschen, der nichts als Liebe ist.

---

1 In einer sehr schönen Studie, die in Fortsetzungen im «Archivum historicum Societatis Jesu» («Commentarii ignatiani», Januar bis Februar 1956) veröffentlicht wurde, bemerkt R. Ricard im Anschluß an P. de Guibert, daß bei Ignatius «völlig das fehlt, was man den bräutlichen Aspekt der mystischen Vereinigung nennen könnte». Er erklärt diese Lücke durch die Tatsache, daß Ignatius, dem vor seiner Bekehrung die Schwäche des Fleisches nicht unbekannt war, eine gewisse Scheu vor dem Gedanken der mystischen Vermählung hatte, ein Gedanke, der etwa Johannes vom Kreuz und Theresa von Avila so lieb war, die in diesem Punkt keine unangenehmen Erinnerungen zu überwinden hatten. Dem wäre hinzuzufügen, daß Vergleiche aus der Brautmystik des Hohenliedes Ignatius kaum in den Sinn kommen konnten, als er seine eigene Mystik «des Handelns in Gott» erlebte. Für ihn erwuchs die übernatürliche Freude nicht in erster Linie aus dem Aufschwung in der Betrachtung, sondern aus dem Bewußtsein des *Mitwirkens* mit Gott, worüber er in seiner Betrachtung *Ad amorem* schreibt:

Ich erwäge, wie Gott um meinetwillen in allen geschaffenen Dingen auf dem Angesicht der Erde wirkt und arbeitet, d. h. sich verhält wie einer, der arbeitet, so z. B. an den Himmeln, in den Elementen, Pflanzen, Früchten, Herden usw.

Darum ist auch das letzte Wort der ignatianischen «Willensmystik» die *Contemplatio ad amorem*, d. h. «die Beschauung zur Erlangung der Liebe», mit der, wie wir noch sehen werden, die *Geistlichen Übungen* abschließen.

Aus dem Gesagten darf man jedoch nicht schließen, daß die Mystik des Ignatius keine andere Erscheinungsform kennt: Seine eigene Erfahrung widerspricht einem so engen Begriff vom mystischen Leben, und kurz vor seinem Tode hat er den Mitbrüdern noch anvertraut, er «finde Gott» ganz leicht. Auch die Bemerkungen im *Geistlichen Tagebuch* zeigen die reiche Vielfalt der Begegnungen seiner Seele mit Gott.

Doch hier liegt die Vermutung nahe, Ignatius habe einer Form der Mystik den Vorzug gegeben, die mit der äußeren Tätigkeit verbunden ist und darin sogar ihre Wurzeln hat. Ja, man muß sogar zugeben, daß ihm eine Beschauung außerhalb und neben der apostolischen Tätigkeit, eine Mystik, die das ganze Bewußtsein beherrscht und deshalb die Arbeit nach außen behindert, wenig zu der Lebensweise zu passen schien, die er sich erwählt und anderen zur Regel gemacht hatte.

Nur so läßt sich die zunächst sonderbar anmutende Rangordnung erklären, die Ignatius selbst seinen mystischen Erlebnissen einerseits und seinen Aufgaben als General des Ordens andererseits zuweist. Denn wenn letztere in Gefahr waren, durch allzu starke seelische Erlebnisse beeinträchtigt zu werden, verzichtete Ignatius aus freien Stücken auf die himmlischen Tröstungen. Den Seinen hat er überdies verraten, daß ihm die Möglichkeit zu solcher Selbstüberwindung jederzeit offenstand und wie er sie benutzte, freilich nicht ohne Bedauern und nicht ohne große Anstrengung des Willens.

Der Grundsatz des Gehorsams gegenüber dem göttlichen Willen hat Ignatius auch dazu geführt, sich als wichtigsten Gegenstand seiner Betrachtung den tätigen, wollenden Schöpfergott zu erwählen. In dem brennenden Verlangen nach der vollkommenen Einigung mit dem göttlichen Willen, soweit das Menschen überhaupt möglich ist, und nach dem völligen Einklang seiner Schaffenskraft mit der Allmacht Gottes betonte Ignatius folgerichtig nicht so sehr das rein passive Einswerden mit Gott, als vielmehr das aktive Eingehen in die Wirklichkeit der unverdrossenen Alltagsarbeit, die dem Reiche Gottes die Wege bereitet.

Indem jedoch der tätige Gehorsam den Menschen, der ganz in der Haltung des Horchens aufgeht, zum Mitarbeiter Gottes macht, vermittelt er ihm das frohe Bewußtsein der Einheit mit Gott, das sich, unbeschadet seiner besonderen Prägung, sehr wohl mit dem mystischen Einheitserlebnis des nur beschaulichen Menschen vergleichen läßt.

Von diesen Überlegungen her gewinnt das berühmte Schlagwort von der «Betrachtung in der Tätigkeit», mit dem man gerne und nicht zu Unrecht die Spiritualität der Gesellschaft Jesu umschrieben hat, eine neue Leuchtkraft. Derartige Schlagworte lassen ja gewöhnlich eine zweifache Deutung zu. So kann zum Beispiel «die Freiheit der Kunst» bedeuten, daß man dem Künstler eine uneingeschränkte Freiheit einräumen muß. Das Wort kann aber auch heißen: Der Künstler soll frei sein, aber nur auf dem Gebiet seiner Kunst.

Ebenso enthält das Wort von der «Betrachtung in der Tätigkeit» nicht nur die Aussage, daß die Betrachtung mitten in der Tätigkeit gepflegt werden soll, sondern auch die andere, dem ignatianischen Denken weit mehr entsprechende Aussage, daß die Betrachtung zwar gepflegt werden soll, aber niemals um ihrer selbst willen und ohne Beziehung zur Tätigkeit.

Wenn man das Wort in diesem Sinne auffaßt, läßt sich die gesamte Mystik des Ignatius aus ihrer ersten Voraussetzung, dem oben erwähnten *Cogito,* mit überraschender und zwingender Folgerichtigkeit ableiten.

Kann man dieser Mystik aber nicht auch eine optimistische Überbewertung des menschlichen Tuns vorwerfen und behaupten, sie betone im Zusammenwirken Gottes und des Menschen zu sehr den menschlichen Anteil?

Bei genauerem Hinsehen stellen wir jedoch bei Ignatius zu allererst einen ausgeprägten Pessimismus fest, vor dem sogar die Ausführungen Luthers über die Sündhaftigkeit des Geschöpfes verblassen. Denn worauf kann sich eigentlich der Mensch berufen, wenn nicht auf den Gehorsam, um ein Werk zu vollbringen, das einen wirklichen Wert vor Gott besitzt? Was für eine Bedeutung kommt den Handlungen zu, die zwar nicht von Gott verboten sind, aber auch nicht in Übereinstimmung mit seinem Willen stehen? Gibt es überhaupt indifferente Handlungen? Und wenn es sie gibt: womit läßt sich ihre Erlaubtheit begründen? Verlieren dann aber nicht die freien Einfälle der Phantasie, die Muße und das Spiel jeden inneren Sinn? Entfremden solche Dinge den Menschen nicht seinem Gott, anstatt ihn mit Gott zu verbinden?

Doch mit diesem «Pessimismus» gegenüber allem menschlichen Tun, das keine Schuld einschließt, aber auch nicht unter dem Blickwinkel des Gehorsams gesehen werden kann, geht Hand in Hand die optimistische Überzeugung, daß der Mensch sein Heil wirken kann, wenn er sein ganzes Sein und Wirken dem Willen Gottes unterstellt, und daß er die Möglichkeit hat, den Willen Gottes zu erkennen, wenn er nur ernstlich danach verlangt.

Gerade die *Geistlichen Übungen,* denen wir im folgenden unsere Aufmerksamkeit zuwenden, haben nur den einen Sinn: dem zu helfen, der zur Umkehr und zu seiner eigenen Rettung bereit ist. Er soll sich zuerst von seinen früheren Fehlern frei machen; dann soll er in mühevollen Überlegungen und im Gebet die Wege zu erkennen suchen, die Gott ihn führen will. Der Inhalt des ganzen Buches läßt sich mit dem einen Wort wiedergeben: *seine Wahl vornehmen*, d. h. das wählen, was Gott will.

Wer sich in dieser Wahl zum Eintritt in die Gesellschaft Jesu entschlossen hat, dem legt Ignatius als Lebensregel die *Satzungen* vor, die auch wieder auf das eine Ziel ausgerichtet sind: in der Gemeinschaft das zu wählen, was Gott will. Jetzt wird der Gehorsam also nicht mehr bloß als Richtschnur für die Beziehungen des Einzelmenschen zu seinem Schöpfer gesehen, sondern auch als Fundament, auf dem das ganze Leben einer Gemeinschaft von Aposteln ruht, und der Gehorsam gegen Gott vollzieht sich nunmehr im Gehorsam gegen menschliche Mittler.

Das *Geistliche Tagebuch* schließlich, von dem wir nur einen kurzen Auszug bringen können, soll uns einen Begriff von dem rastlosen Eifer geben, mit dem Ignatius persönlich den genauen Willen Gottes zu erkunden suchte, um ihm desto besser zu gehorchen.

So werden wir am Ende dieser kurzen Untersuchung, die unter dem Leitgedanken des ignatianischen Gehorsams steht, erkennen, wie dieses Prinzip durchgehend alle Teile des geistlichen Vermächtnisses beherrscht und durchwaltet, das Ignatius der Welt hinterlassen hat.

Es gibt keinen Autor, der bei der Behandlung der *Geistlichen Übungen* von dem Vergleich absieht, der verständlich machen soll, daß das genannte Werk nichts mit der *Einführung in die Frömmigkeit* oder der *Nachfolge Christi* gemeinsam hat. Es ist nämlich kein Buch mit großen Gedanken, das man auf das Bücherbrett stellen, zur Hand nehmen, betrachten und wieder weglegen kann, sondern es ist ein Buch, das man anwenden muß. Aus diesem Grund wird das Exerzitienbuch meist mit einem Lehrbuch für Leibesübungen verglichen.

Aber alle Autoren fügen auch hinzu, daß man, um diese Kunst zu lernen, nicht nur ein Lehrbuch benötigt, sondern auch einen Lehrmeister.

Ignatius selbst hat in seinem Büchlein niemals ein Lehrbuch des Gebetes gesehen, das man lesen und in dem man nachschlagen darf, ohne es in die Tat umzusetzen. Andererseits hat er immer wieder gefordert, daß man den Exerzitanten nicht mit dem Handbuch der Exerzitien allein läßt, sondern ihm einen geistlichen Leiter gibt, der fähig ist, mit Feingefühl und Takt die Methode der Eigenart und den Möglichkeiten des jeweiligen Menschen anzupassen.

Man kann ruhig zugeben, daß die *Geistlichen Übungen* auf den Leser, der sie zum erstenmal aufschlägt, nicht gerade anziehend wirken. Er findet hier gewiß manche zusammenhängende Darlegungen und Betrachtungen, die auch in sich lesenswert sind, daneben aber zahlreiche Verhaltungsmaßregeln, die sich auf die für jeden Tag oder gar jede Stunde verzeichneten Einzelübungen beziehen und oft selbst wieder von Hinweisen auf früher gegebene Vorschriften unterbrochen sind. Die dabei verwendeten Ausdrücke sind ungewöhnlich: man liest da von Vorübungen, Anmerkungen, Zusätzen, Zwiegesprächen und von einer Vorstellung des Ortes. Auf den ersten Blick ist kein einigendes Band zu erkennen, das diese Folge von Gebeten und Erwägungen zusammenhält. Am Ende des Buches sind sogar noch fünf Gruppen von Regeln angefügt, die scheinbar nichts miteinander zu tun haben. Hier stehen zum Beispiel die sehr subtilen Regeln zur Unterscheidung der Geister unmittelbar neben den Grundsätzen für die Almosenverteilung.

Das kleine Buch hat jedoch trotz der zuweilen recht holprigen Sprache der spanischen Fassung, die dem Urtext am nächsten steht, und trotz des Aufbaus, der allen Regeln der Schriftstellerei widerspricht, Jahrhunderte überdauert, und Pius XI. hat es in seiner Enzyklika *Mens nostra* vom 25. Juli 1922 das «klügste und umfassendste» Handbuch des geistlichen Lebens genannt, «um die Seelen auf ihrem Weg zum Heil und zur Vollkommenheit zu leiten: eine unerschöpfliche, ausgezeichnete und zuverlässige Quelle für das Leben aus und mit Gott».

Das Ufer des Cardoner bei Manresa

Bevor wir uns den Einzelheiten der *Geistlichen Übungen* zuwenden, müssen wir die Einflüsse untersuchen, unter denen Ignatius möglicherweise bei der Abfassung dieses Werkes gestanden hat, oder aber beim Fehlen einer unmittelbaren Abhängigkeit, die immer schwer nachzuweisen ist, wenigstens die Berührungspunkte seiner Methode mit anderen Gebetsmethoden soweit wie möglich aufzeigen.

Seit den Anfängen der Kirche, besonders aber in der Blütezeit des Mönchtums suchten die Menschen, welche die christliche Vollkommenheit anstrebten, nach einer Methode, die am besten die Gedanken während des Gebetes und der Betrachtung in einer bestimmten Ordnung zu halten vermag.

Den Leib in Zucht zu halten, ist verhältnismäßig leicht: Der Asket kann seine Nahrung und seine Zeit zum Schlafen selbst festsetzen. Schwieriger wird es schon, wenn Ordensregeln berücksichtigt werden müssen; aber auch hier ist es immer noch eine Frage des einfachen Wollens. Ganz anders aber liegen die Dinge, wenn es sich um die Zucht der Gedanken handelt: Wie verhindert man etwa, daß sich unsere Vorstellungen nach einem Wort des Einsiedlers Theophanes wie ein Mückenschwarm oder gar, wie Ramakrishna sagt, planlos durcheinander bewegen wie launische Affen, die von Ast zu Ast springen? Wie bringt man den Verstand dazu, daß er den Gegenstand seiner Betrachtung ständig im Blick behält und nicht immer wieder durch flüchtige Einfälle abgelenkt wird? Vor allem aber: Wie macht man sichere Fortschritte im Gebetsleben und wie gelangt man schließlich zu jener schönsten Frucht, die man vom Gebet erhofft, zur Einigung mit Gott?

Um diese Fragen wußten alle Religionen und sie versuchten, sie zu lösen, indem sie nicht nur die äußere Haltung, sondern auch die innere Andacht mehr oder weniger strengen Regeln unterwarfen. Am weitesten ist sicher der Hinduismus im Bestreben nach völliger Selbstbeherrschung gegangen. Durch gewisse Übungen gelingt es dem indischen Asketen, dem Yogi, sozusagen die vollständige Herrschaft über seinen Körper zu bekommen, die Atmung und sogar die Funktion mancher Muskeln zu regeln, die sich nach der gewöhnlichen Erfahrung dem Einfluß unseres bewußten Wollens entziehen. Die Yoga-Technik führt nicht allein zu jenen Fakir-Kunststücken, die der echte Yogi als profane Geschäftemacherei verabscheut, sondern auch zu einer straffen Zucht der geistigen Kräfte, vor allem aber zu der starken Sammlung der Gedanken auf einen bestimmten Gegenstand der Betrachtung.

Durch seine Anstrengungen erwirbt sich der Asket über die vollständige Selbstbeherrschung hinaus eine gelassene Einstellung zur Außenwelt, d. h. zu den Menschen und Dingen. Im tiefsten Kern seines Wesens, in seinem I c h, das sich von aller Selbstsucht befreit hat, tritt er alsdann in Verbindung mit dem großen D u der Welt, in dem er ganz aufgehen und so restlos von sich befreit werden will.

Wir halten als Ergebnis dieser kurzen Untersuchung fest, daß die Yoga-Übungen, soweit sie die Sammlung des ganzen Wesens durch den Kampf gegen alle zerstreuenden und auflösenden Kräfte zum Ziel haben, sehr wohl als vorbereitende Übungen für jedes geistliche Leben angesehen werden können. Wir dürfen aber nicht die Augen vor der Tatsache verschließen, daß diese Übungen nicht zu trennen sind von einer Weltanschauung, die ganz verschieden vom Christentum ist und in der vor allem der Begriff einer Erschaffung der Welt aus dem Nichts durch einen persönlichen Gott keinen Raum hat. Der Yogi wird vielmehr annehmen, alles Seiende sei aus einer ungeschaffenen Kraft hervorgeflossen, von der auch er wieder aufgenommen werden kann, indem er alle Beziehungen abbricht und aufhebt, während die christliche Theologie nicht nur überall in der Welt solche Beziehungen sieht (vor allem zwischen dem Schöpfer und seinen Geschöpfen), sondern darüber hinaus sogar von Gott selbst ein Leben aussagt, dessen Geheimnis gerade in den Beziehungen der göttlichen Personen untereinander besteht.

In diesem Zusammenhang muß auch gesagt werden, daß die *Geistlichen Übungen* des Ignatius in den Augen der Hindu-Philosophen den bemerkenswertesten Versuch darstellen, den das Abendland während seiner ganzen Geschichte unternommen hat, um in die gleiche Richtung vorzustoßen, in welche die Übungen des Yoga weisen. Wie eine Antwort oder ein Widerhall auf dieses Zeugnis wirkt das Bemühen um ein christliches Yoga bei manchen abendländischen Schriftstellern. Aber trotz der Beachtung, die solche Versuche zweifellos verdienen, darf man doch annehmen, daß die Anwendung von Techniken allein, selbst wenn sie durch eine jahrhundertealte Erfahrung verfeinert sind, nicht das Wesentliche ist, und man darf vor allem nicht das eigentliche Problem verschleiern, mit dem sich das religiöse Denken des Abendlandes abquält, d. h. die Frage, wie die göttliche Gnade in die Seele des Beters herabsteigt, die Gnade, ohne die er noch nicht einmal mit dem Gebet anfangen kann, und ohne die auch die «sicherste» asketische Methodik nichts weiter ist als eine Zusammenstellung von Rezepten und Übungen, die für sich allein unfruchtbar sind und nicht den mindesten Wert besitzen.

Schon im 7. Jahrhundert verband Johannes Climacus, der Gott auf dem Grunde seines Herzens finden und so eine Art innerer Gottesschau verwirklichen wollte, sein Bemühen um das immerwährende Gebet mit Atemübungen, um leichter zu jener Ruhe in Gott zu gelangen, die man Hesychasmus nennt. Seit dieser Zeit war es immer ein geistliches Hauptanliegen der christlichen Kirche im Morgenland, Techniken zu entwickeln, die der «Sammlung des Herzens» dienten, womit das immerwährende Gebet gemeint ist. Denn zuerst muß die Zerstreuung des Geistes überwunden werden, die jene «Sammlung» von vornherein unmöglich macht.

Die «Sammlung» ist allerdings für den Hesychasten nicht Selbstzweck, und dadurch unterscheidet er sich sowohl vom hinduistischen Yogi als auch von dem mohammedanischen Asketen, der die Übung des Dhikr ausführt, die in der beliebigen Wiederholung des Namens Gottes besteht. Für den Hesychasten aber ist es wesentlich, daß er durch das ständige Denken an Gott eine Vertiefung und Bereicherung seines Gnadenlebens erfährt, das schließlich in die mystische Einheit mit Gott übergehen kann. So schreibt zum Beispiel Gregor Palamas, der große Theologe des Hesychasmus: «Wenn sie (die Mönche) sich in gesammelter Aufmerksamkeit und reinem Gebet nur um sich selbst kümmern, zu Gott gekommen und mit ihm in mystischer Einheit, die alles Erkennen übersteigt, verbunden sind, dann sind sie eingeweiht in das Geheimnis, das jenseits jeder Erkenntnis liegt.»[1]

Wir können hier weder auf die Unterschiede zwischen der Theologie des ostkirchlichen Hesychasmus und der Theologie der abendländischen Christenheit eingehen noch die Frage untersuchen, in welchem Maße die physisch-psychische Gebetsmethode schon in einer Religion grundgelegt ist, die die Menschwerdung des Wortes lehrt, und für die daher auch der Leib, der durch die Sakramente geheiligt wird, selber vergeistigt ist. Aber es sieht jedenfalls so aus, als ob unser abendländisches Denken immer noch belastet wäre von der ängstlichen Sorge, Natur und Übernatur nur ja auseinanderzuhalten.

Wie immer es auch um diese feinen Unterschiede in der Auffassung bestellt sein mag, die hesychastischen Bestrebungen haben offenbar in ihren Zielen und sogar, wie wir noch sehen werden, in manchen technischen Einzelheiten große Ähnlichkeit mit dem, was auch die Lehrer des methodischen Gebets im Abendland anstreben. Deshalb darf es auch nicht verwundern, daß der Mönch Nikodemos vom Berge Athos, dem die Ostkirche die große Wiedererweckung des Hesychasmus im 19. Jahrhundert verdankt, eine enge Verwandtschaft zwischen dem «immerwährenden Gebet» der orientalischen Tradition und den *Geistlichen Übungen* des Ignatius von Loyola entdekken konnte. Im Jahre 1800 hat Nikodemos in Venedig sogar eine griechische Übersetzung des ignatianischen Werkes – wenn auch ohne den Namen des Verfassers – unter dem Titel «Gymnasmata pneumatika» herausgegeben.

Umgekehrt ist Ignatius von einer Gebetsmethode beeinflußt worden, die, wenn auch nicht in der Technik, so doch wenigstens in ihren Zielen der Methode der orientalischen Mönche verwandt ist: Die sogenannte *Devotio moderna*, die wir meinen, entstand gegen Ende des 14. Jahrhunderts in den Niederlanden und wurde besonders durch Gerhard Groote, den Freund (und vielleicht auch Schüler) Jan Ruysbroecks, gefördert und verbreitet. Schon um das Jahr 1380 hatte Groote mit der Gründung kleiner Gruppen der «Brüder vom gemeinsamen Leben» begonnen, die ohne die Bindung an Gelübde und Regeln mitten in der Welt unter Beobachtung der Armut ein gemeinsames Leben führten, das vor allem dem Gebet und der Betrachtung gewidmet war. Ihren Lebensunterhalt verdienten sie sich, indem sie Bücher

---

1 Zit. nach J. Meyendorff, «Saint Grégoire Palamas et la Mystique orthodoxe». Paris 1959, S. 97

abschrieben. Neben diesen Gemeinschaften wurde damals auf Anregung des Groote-Schülers Florent Radewijns eine Kongregation von Regularklerikern gegründet, die in ihrem Kloster Windesheim nach der Augustinerregel lebten. Die Gruppen der Brüder vom gemeinsamen Leben und das Kloster Windesheim waren im ganzen 15. Jahrhundert die Ausgangspunkte für die Ausbreitung der geistigen Bewegung, die man *Devotio moderna* nennt.

Ihr Verschwinden im 16. Jahrhundert ist nicht nur auf das Vordringen des Protestantismus in den Niederlanden zurückzuführen, sondern auch auf die Tatsache, daß die ignatianische Frömmigkeit gerade das Erbe der *Devotio moderna* antrat, und zwar als ihre Nachfolgerin, wie sich versteht, nicht als ihre Gegnerin.

Da die ignatianische Frömmigkeit ihre Quelle zum Teil in jener flämischen Frömmigkeitsform hat, ist es wichtig, auch deren Grundzüge zu kennen. Das war zunächst einmal der Sinn für Maßhalten und Ausgeglichenheit, ferner ein gewisses Mißtrauen gegenüber einer hemmungslosen Askese und überschwenglichen Mystik. Doch diese «Diskretion» war nicht gleichbedeutend mit weichlicher Lauheit; denn sie verband sich mit dem ernsten Streben nach Frömmigkeit und in-

Das Gebet nach Johannes Climacus (Handschrift des 11. Jahrhunderts)

nerer Vervollkommnung, worin man den zweiten charakteristischen Zug dieser Schule sehen muß. Die Kanoniker von Windesheim verwandten mehr Zeit auf die Betrachtung als auf das Chorgebet. Hier liegt auch der Grund für ihr Bemühen um eine sichere und systematische Methodik des Betens. In dem Jahrhundert, das zwischen dem Todesjahr Grootes (1384) und Mombaers (1502) liegt, befaßte sich die flämische Schule hauptsächlich mit der Verfeinerung solcher Methoden, obwohl sie daneben auch andere wunderbare Werke hervorgebracht hat, von denen als die berühmteste Frucht der *Devotio moderna* nur die «Nachfolge Christi» genannt sei, deren Verfasser wahrscheinlich Thomas von Kempen war.

Um ein genaues Bild von der flämischen Frömmigkeit zu erhalten, wie sie sich auf dem Höhepunkt ihrer Entwicklung in dem literarischen Schaffen ihrer Vertreter niedergeschlagen hat, muß man zu dem Werk Jan Mombaers greifen, der, wie übrigens auch Thomas von Kempen, in dem niederländischen Kloster Agnetenberg gelebt hat und in Livry (Frankreich) gestorben ist.

Wenn wir eine der prachtvollen, in Leder gebundenen Folioausgaben aus dem 16. Jahrhundert des Hauptwerkes Mombaers «Rosetum exercitiorum spiritualium et sacrarum meditationum» aufschlagen, überrascht uns zunächst das Druckbild mit seinen zahlreichen Einteilungszeichen, den kleinen, kursiv gedruckten Schriftversen und den vielen durch Fettdruck hervorgehobenen Stichwörtern. Ganze Seiten sind mit einem Gitterwerk auffällig gedruckter Punkte überzogen; jeder Punkt bezeichnet eine einzelne Phase der Betrachtung etwa der Leidensgeschichte oder eines anderen Gegenstandes. Dem Buch sind auch große Bildtafeln beigegeben; zwei davon zeigen die Abbildung einer Hand in natürlicher Größe. Es handelt sich um das sogenannte *Chiropsalterium*: jedes Fingerglied und jeder Teil der Handfläche soll den betrachtenden Ordensmann an ein besonderes Thema erinnern. Die Glieder des Mittelfingers etwa bedeuten von oben nach unten: die Evangelisten, die Apostel, die Unschuldigen Kinder, die Propheten, die Patriarchen und die Engel. Eine andere Tafel zeigt über einem Kreuz das *Cantichordum*, d. h. ein Musikinstrument, das einem vereinfachten Cembalo gleicht, dessen fünf Saiten durch die fünf Vokale bezeichnet sind. Ihre symbolische Bedeutung erklärt das Distichon:

A gaudens amat, E sperat, sed I miseretur;
O timet Uque dolens odit: et ista notes.

(Etwa: Das A freut sich und liebt, das E hofft, das I hat Mitleid; das O fürchtet, das U empfindet Schmerz und Haß [gegenüber der Sünde]: das sollst du dir merken!)

Chiropsalterium

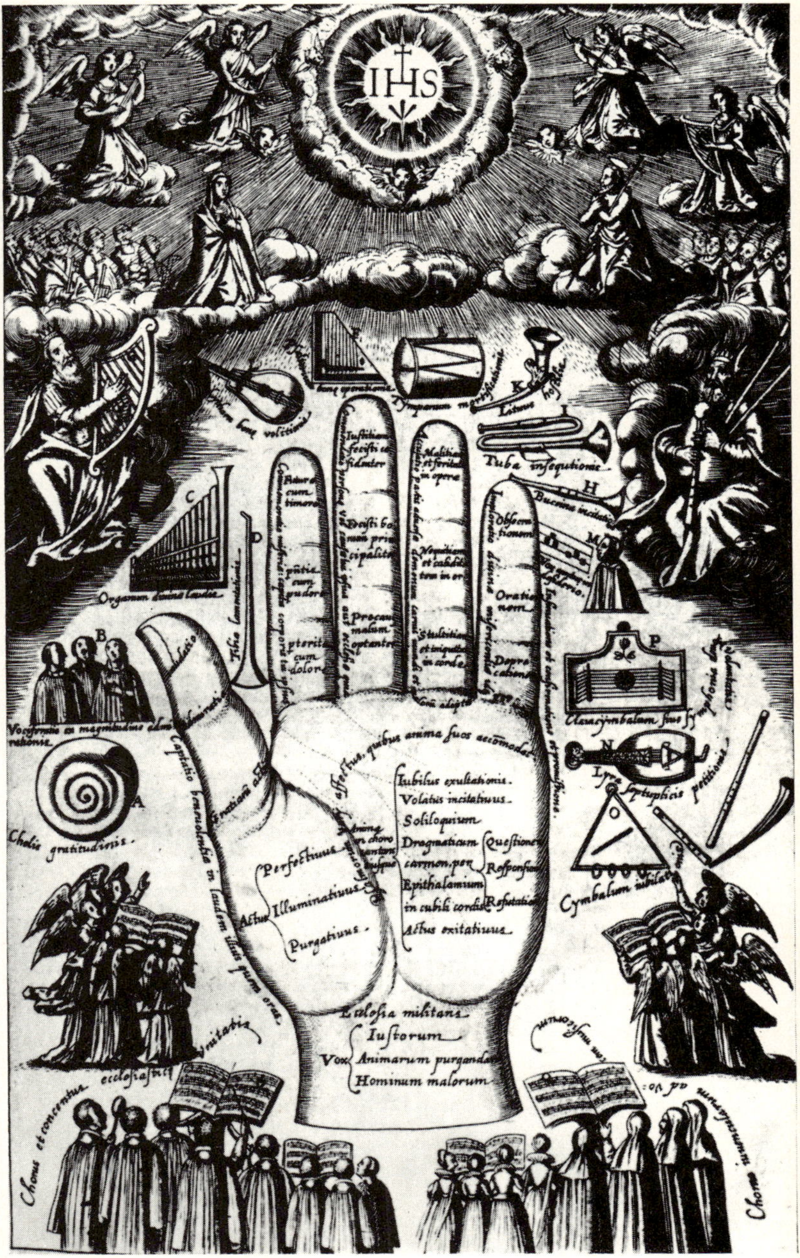

IHS
Tuba insequtionis
Organum diuinae laudis
Vociferatio ex magnitudine admirationis
Iubilus exultationis.
Volatus incitatiuus.
Soliloquium
Epithalamium
in cubili cordis
Actus excitatiuus.
Perfectiuus
Actus
Illuminatiuus
Purgatiuus.
Iustorum
Vox
Animarum purgandarum
Hominum malorum

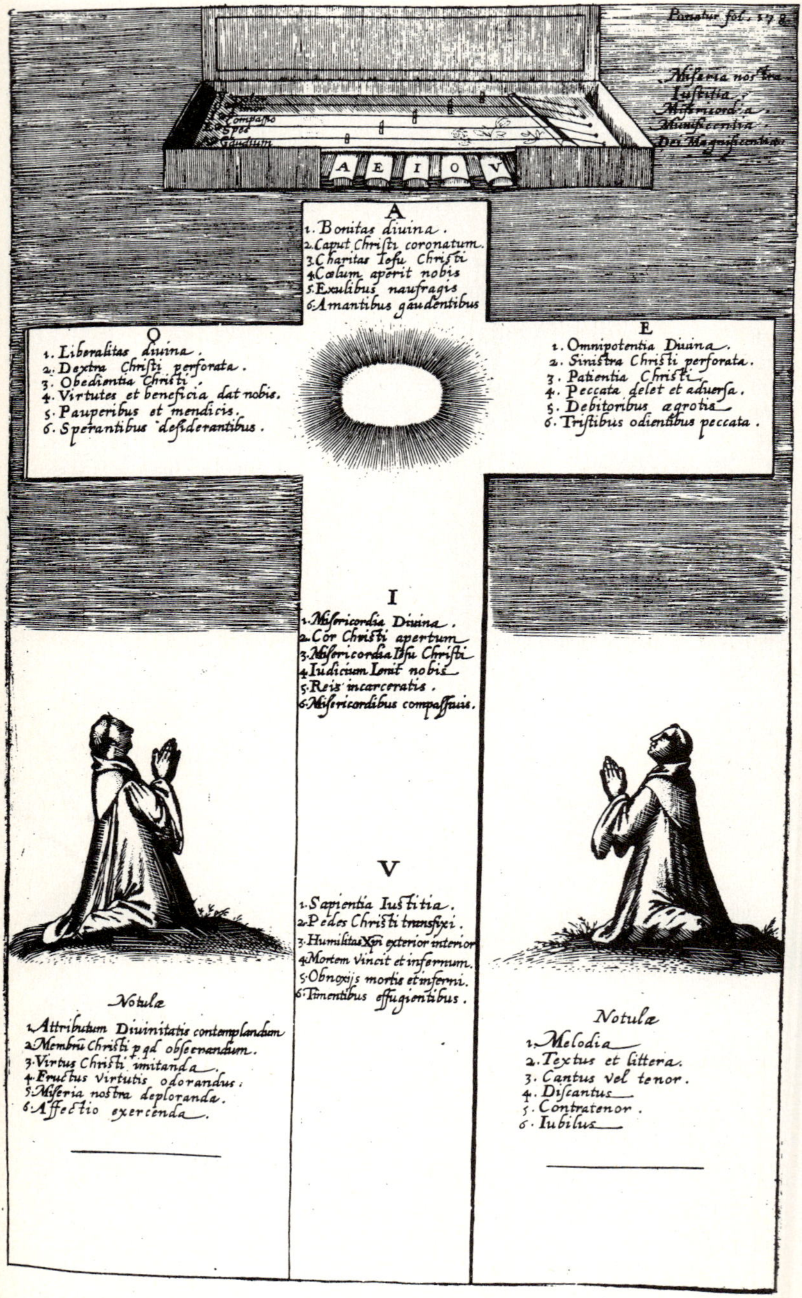

Ponatur fol. 178
Compassio
Spes
Gaudium
A E I O V
Miseria nostra
Iustitia
Misericordia
Munificentia
Dei Magnificentia
A
1. Bonitas diuina.
2. Caput Christi coronatum.
3. Charitas Iesu Christi
4. Cœlum aperit nobis
5. Exulibus naufragis
6. Amantibus gaudentibus
O
1. Liberalitas diuina.
2. Dextra Christi perforata.
3. Obedientia Christi.
4. Virtutes et beneficia dat nobis.
5. Pauperibus et mendicis.
6. Sperantibus desiderantibus.
E
1. Omnipotentia Diuina.
2. Sinistra Christi perforata.
3. Patientia Christi.
4. Peccata delet et aduersa.
5. Debitoribus ægrotis.
6. Tristibus odientibus peccata.
I
1. Misericordia Diuina.
2. Cor Christi apertum
3. Misericordia Iesu Christi
4. Iudicium Lenit nobis
5. Reis incarceratis.
6. Misericordibus compassiuis.
V
1. Sapientia Iustitia.
2. Pedes Christi transfixi.
3. Humilitas Xpi exterior interior
4. Mortem vincit et infernum.
5. Obnoxijs mortis et inferni.
6. Timentibus effugientibus.
Notulæ
1. Attributum Diuinitatis contemplandum
2. Membrũ Christi p qd obseruandum.
3. Virtus Christi imitanda.
4. Fructus virtutis odorandus.
5. Miseria nostra deploranda.
6. Affectio exercenda.
Notulæ
1. Melodia
2. Textus et littera.
3. Cantus vel tenor.
4. Discantus
5. Contratenor.
6. Iubilus

Dieser frühe und sonderbare Vorläufer des Sonetts der Vokale von Rimbaud soll auf folgende Weise benutzt werden: Je nach dem ersten Vokal des Psalmes, den der Ordensmann betet, soll er seine Aufmerksamkeit auf die Güte Gottes (A), auf die Hoffnung (E), auf das Mitleiden mit Christus (I) usw. richten. *Gaudium* (Freude), *spes* (Hoffnung), *compassio* (Mitleiden), *timor* (Furcht) und *dolor* (Schmerz) sind auch die fünf Töne des *Cantichordum Gersonis.* So wird es genannt, weil es auf einen Gedanken Gersons zurückgeht, während Mombaer das Bild des Cembalos erfunden und ihm die Bemerkung beigefügt hat: *Quis tam hebes, qui non capiat ista?* (Wer ist so dumm, daß er dies nicht versteht?)

Wenn wir uns so lange bei der Gebetsmethode der *Devotio moderna* aufgehalten haben, dann geschah das mit gutem Grund. Denn erstens ist Ignatius mit dieser Schule schon in Berührung gekommen, bevor er die Brüder vom gemeinsamen Leben aus der Nähe kennenlernte; wenigstens aber hat er im Kolleg Montaigu ein Haus betreten, das ganz von ihrem Geist geformt war. Und zweitens kann man die Eigenart des Exerzitienbuches besser verstehen, wenn man es mit den Handbüchern vergleicht, die ihm vorausgegangen sind.

Bereits in Montserrat machte Ignatius durch die Vermittlung der Benediktiner Bekanntschaft mit den Flamen. Als nämlich der Pilger in Pater Chanon seinen geistlichen Berater fand, bekam das geistliche Leben des ganzen Klosters durch die Weisungen des Abtes García Jiménez seine Ausrichtung, der allerdings ebenso wie sein Vetter, der berühmte Kardinal Francisco Jiménez, bekannter ist unter dem Namen seines Geburtsortes Cisneros.

Bei seinen Reformen in Montserrat stützte sich García de Cisneros auf die Grundgedanken und die Methoden der *Devotio moderna,* die höchstwahrscheinlich schon vorher die Frömmigkeit des Klosters Montserrat beeinflußt hatten, aber erst jetzt von dem reformeifrigen Obern mit allem Nachdruck vertreten wurden. Er verfaßte sogar selbst einige Bücher zur Einführung in das Gebetsleben, wobei er natürlich bei den Flamen Anleihen machte. Seine beiden Werke «Exercitatorio de la vida espiritual» und «Directorio de las horas canonicas» stehen in unmittelbarer Abhängigkeit von dem *Rosetum exercitiorum* und können als schlichte Zusammenfassung der wichtigsten damals gebräuchlichen Handbücher des methodischen Gebets gelten.

Mit der Herausgabe dieser Werke wollte García de Cisneros der volkstümlichen Vereinfachung und damit der weiteren Verbreitung der *Devotio moderna* dienen. Er veranlaßte darum den deutschen Buchdrucker Luscher in Barcelona, sein Handwerkszeug auf den Klosterberg zu bringen, und im Jahre 1500 verließ das «Directorio» als erster Band einer größeren Reihe die Buchpresse von Montserrat. Ein Exemplar dieses altehrwürdigen Buches ist noch erhalten; es

Cantichordum

kam aus dem Familienbesitz des Francesco Borgia in die Bibliothek des Studienhauses der Jesuiten in Chantilly; und vielleicht hatte auch Ignatius ein solches Exemplar in Händen. Das Buch in Chantilly hat das Format eines dicken Meßbuches mit engem, aber klarem Druckbild und wird durch einen Einband aus schwerem gelbem Pergament geschützt.

Noch wahrscheinlicher ist, daß Chanon seinem Beichtkind für die ersten Schritte auf dem Feld der *Devotio moderna* das «Compendio de Exercicios espirituales» geschenkt hat. Das war ein kurzer Abriß des «Exercitatorio» und des «Directorio», der von dem Abt Peter von Burgos verfaßt und 1520 in Barcelona gedruckt worden war.

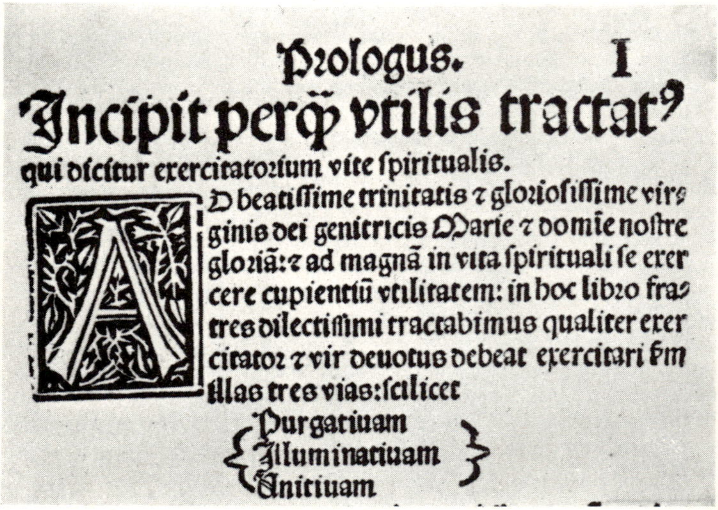
Prologus. I

Incipit perq̄ vtilis tractat⁹
qui dicitur exercitatorium vite spiritualis.
Ad beatissime trinitatis ꝛ gloriosissime vir-
ginis dei genitricis Marie ꝛ domine nostre
gloriã: ꝛ ad magnã in vita spirituali se exer
cere cupientiũ vtilitatem: in hoc libro fra-
tres dilectissimi tractabimus qualiter exer
citator ꝛ vir deuotus debeat exercitari sm
illas tres vias: scilicet
Purgatiuam
Illuminatiuam
Unitiuam

Vorwort zur lateinischen Übersetzung des «Exercitatorio de la vida espiritual» (Montserrat 1500)

Dieses Werk lehnte sich sehr eng an die Schriften Cisneros' an und wandte sich ganz allgemein an alle, die Fortschritte im geistlichen Leben zu machen wünschten. Daher waren die lediglich das Mönchsleben betreffenden Abschnitte gekürzt oder ganz ausgelassen. Den schmalen, nur 200 Seiten umfassenden Band verteilten die Mönche von Montserrat freigebig an die Pilger zusammen mit einer Darstellung der Geschichte des Heiligen Berges und der dort geschehenen Wunder.

Man kann den Einfluß derartiger Schriften auf Ignatius nicht genug betonen, der sich ja gerade erst bekehrt hatte, nach Vollkommenheit strebte und darum sicher froh war, gleich bei seinem ersten Aufenthalt an diesem Ort der Sammlung und des Gebetes ein methodisches Werk zu entdecken, das ebenso handliche wie erfolgversprechende Hilfen für den Fortschritt im geistlichen Leben enthielt. Darüber hinaus findet sich an zahlreichen Stellen des «Exercitatorio» von Cisneros der Begriff *Exercicios espirituales* (Geistliche Übungen), und der Abriß Peters von Burgos hat ihn sogar in den Titel aufgenommen. Das ist eine zwar äußerliche, aber darum nicht weniger aufschlußreiche Übereinstimmung.

Die *Geistlichen Übungen* des Ignatius erschöpfen sich jedoch nicht in der Darlegung einer Gebetstechnik, die mehr oder weniger von anderen entlehnt ist, sie enthalten auch als wesentlichen Bestandteil eine Reihe von Betrachtungen. Auch hier hat man nach «Quellen» gesucht, und es ist allgemein anerkannt, daß Ignatius sich von Ludolf dem Kartäuser beeinflussen ließ, dessen Buch über das Leben Jesu seine Lektüre während der Genesungszeit war, wie wir schon gesehen haben. Auch einige Werke, die fälschlich Bonaventura zugeschrieben wurden, haben Ignatius angeregt. Das gilt besonders von dem besten Werk dieser Gruppe, den «Meditationes vitae Christi». Diese «Betrachtungen über das Leben Jesu» hat nicht nur Ludolf der Kartäuser selbst benutzt – namentlich in dem Kapitel «Ermahnung zur Nachfolge Christi» –, sondern auch die flämische Schule. Vor allem aber hat Jan Mombaer aus dem genannten Buch seine Vorliebe für die ganz konkrete Betrachtung der Glaubensgeheimnisse empfangen.

Wenn Ignatius später den Exerzitanten auf die aufmerksame und liebevolle Betrachtung einzelner Szenen aus dem Leben Jesu hinweist, so steht er damit in einer alten Tradition, die er selbst auf dem Montserrat kennengelernt hat, und in der durchweg die Erwägung über die Menschheit Christi zu der höheren Stufe der Betrachtung führt, die seine Gottheit zum Gegenstand hat.

Die Entstehungsgeschichte der Exerzitien

Wir wollen uns aber jetzt nicht weiter mit den «Quellen» beschäftigen, sondern den inneren Werdegang der *Geistlichen Übungen* verfolgen, um daraus wertvolle Aufschlüsse zu gewinnen. Über zwei Tatsachen besteht heute keine Meinungsverschiedenheit mehr:

Erstens: Schon während seines Aufenthalts in Manresa begann Ignatius mit der Niederschrift seines Werkes, das er immer wieder überarbeitete – bis zur endgültigen päpstlichen Bestätigung des lateinischen Textes am 31. Juli 1548 durch das Breve *Pastoralis officii* Pauls III. Auch nach der Veröffentlichung jenes Textes im September desselben Jahres war Ignatius noch bestrebt, den Wortlaut zu verbessern, wie die zahlreichen Veränderungen in der spanischen Fassung (dem sogenannten *Autographon*) aus der Zeit nach 1548 beweisen.

Die Erklärer haben verschiedene Etappen und Erweiterungen in der Entstehungsgeschichte des Buches unterschieden. Es darf als sehr wahrscheinlich gelten, daß Ignatius die wesentlichen Teile des Buches in Manresa geschrieben hat, und daß die späteren Zusätze zu einem Teil auf die seelsorgerischen Erfahrungen, zum anderen aber auch auf seine theologische Fachausbildung in Paris und später in Venedig zurückzuführen sind.

Zweitens: Die *Geistlichen Übungen* geben die eigenen mystischen Erfahrungen des Ignatius wieder. Sie können also mit ähnlichem Recht wie das *Geistliche Tagebuch* und der *Bericht des Pilgers* als eine Art persönliches Tagebuch angesehen werden. Denn alle diese Schriften bezeichnen für jeden, der Gottes Pläne mit ihm persönlich erfahren will, die Entwicklungsabschnitte des geistlichen Lebens, an deren Ende die Entdeckung der zu übernehmenden Lebensweise steht.

Nun wollen wir Schritt für Schritt dem Gang der Exerzitien folgen und dabei möglichst genau die einzelnen Gedanken und Anweisungen kennenlernen, um so die Eigenart des geistlichen Lehrers Ignatius zu erfassen.

Der Aufbau der Exerzitien

Auf der ersten Seite steht ein Gebet, das berühmte *Anima Christi*, das wahrscheinlich im 14. Jahrhundert entstanden ist und für das schon der Papst Johannes XXII. (1316 – 1334) einen Ablaß von 300 Tagen gewähren wollte. Ignatius konnte es bei seinen Lesern als bekannt voraussetzen, so daß er sich damit begnügte, in seinem Werk immer nur den Titel anzugeben. Der Wortlaut des Gebetes wurde erst 1576 den Exerzitien vorangestellt; zu Lebzeiten des Ignatius begann das Buch mit den Vorbemerkungen (*Annotationes*).

Die «Vorbemerkungen» – 20 an der Zahl – sollen dem Exerzitanten zu einem vorläufigen Verständnis alles folgenden verhelfen. Gleich die erste gibt eine klare Begriffsbestimmung der Exerzitien: *Denn gleichwie Umherwandeln, Auf-ein-Ziel-Zugehen und Laufen körperliche Übungen sind, so nennt man geistliche Übungen jede Art, die Seele vorzubereiten und instandzusetzen, damit sie alle ungeordneten Neigungen von sich entferne und nach deren Entfernung den göttlichen Willen suche und finde in der Regelung des eigenen Lebens zum Heil der Seele.*

Dann folgen Hinweise und Regeln, die mehr ins einzelne gehen. Bezeichnend ist der Text der dritten Vorbemerkung, wo Ignatius zwei Arten der geistigen Tätigkeit unterscheidet: Die erste betrifft den Verstand und das schlußfolgernde Denken, die andere den Willen: *Die Betätigung des Willens im mündlichen oder inneren Gespräch mit Gott, dem Herrn, verlangt jedoch von unserer Seite eine größere Ehrfurcht als die Tätigkeit des Verstandes.* Eine merkwürdige Unterscheidung, bei der man aber beachten muß, daß Ignatius an dieser Stelle die Begriffe *voluntad* und *affectando* nebeneinander

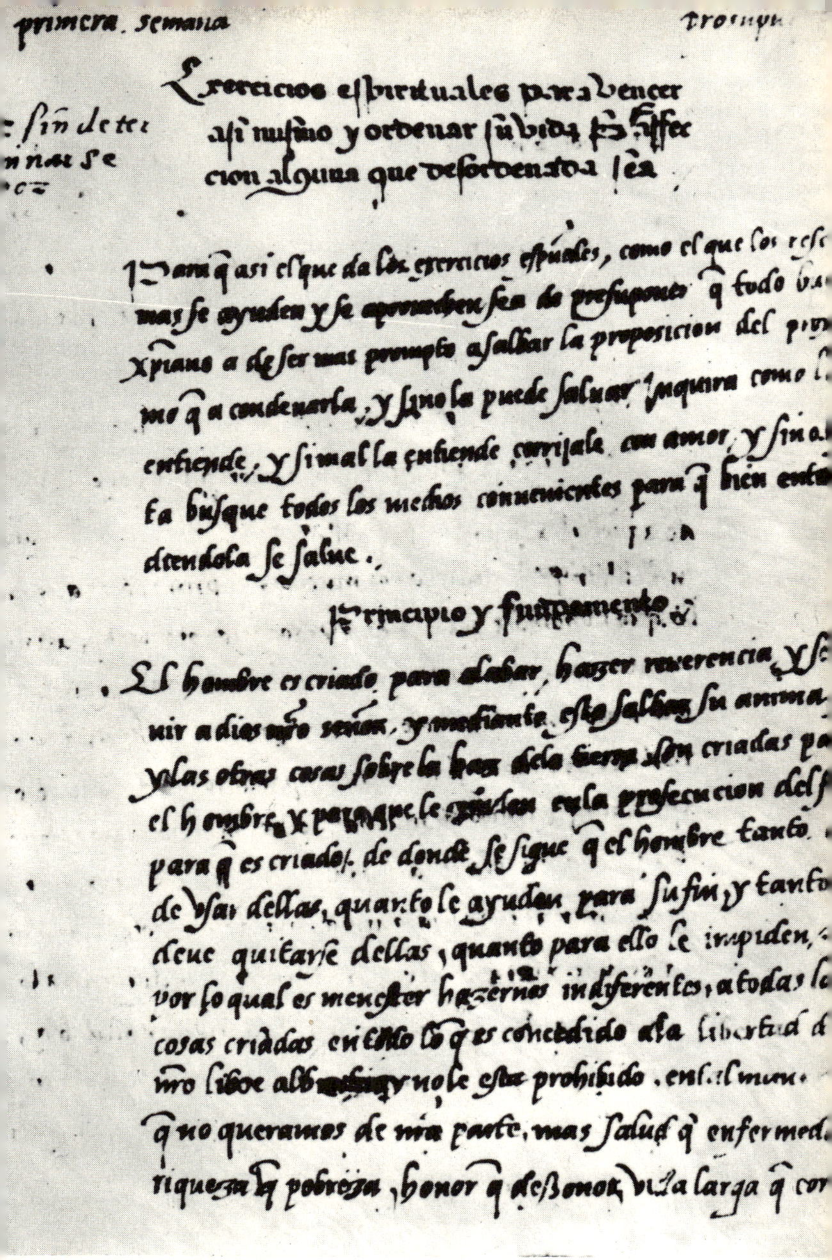

primera semana — Presupuesto

Exercicios espirituales para vencer a si mismo y ordenar su vida sin determinarse por affeccion alguna que desordenada sea

Para que asi el que da los exercicios spirituales, como el que los rescibe, mas se ayuden y se aprovechen, se a de presuponer que todo buen xpiano a de ser mas prompto a salvar la proposicion del proximo que a condenarla, y si no la puede salvar, inquira como la entiende, y si mal la entiende, corrijale con amor, y si no basta, busque todos los medios convenientes para que bien entendiendola se salve.

Principio y fundamento

El hombre es criado para alabar, hazer reverencia y servir a dios nuestro señor, y mediante esto salvar su anima, y las otras cosas sobre la haz de la tierra son criadas para el hombre, y para que le ayuden en la prosecucion del fin para que es criado; de donde se sigue que el hombre tanto ha de usar dellas, quanto le ayudan para su fin, y tanto deve quitarse dellas, quanto para ello le impiden. Por lo qual es menester hazernos indiferentes a todas las cosas criadas en todo lo que es concedido a la libertad de nuestro libre albedrio y no le esta prohibido, en tal manera que no queramos de nuestra parte mas salud que enfermedad, riqueza que pobreza, honor que deshonor, vida larga que cor

Handschrift der «Geistlichen Übungen»
mit eigenhändigen Anmerkungen des Verfassers

gebraucht: der Willensakt ist für ihn wesentlich auch ein Akt des Gemütes und der Liebe.

Die vierte Vorbemerkung befaßt sich mit der zeitlichen Einteilung der Exerzitien. Wenn diese sich auch auf vier Wochen erstrecken, so soll doch nicht jede «Woche» aus genau sieben Tagen bestehen. So werden zum Beispiel in der ersten Woche manche längere Zeit brauchen, um zur Reue über ihre Sünden zu gelangen, während andere schneller vorangehen können. Hier sehen wir zum erstenmal die Beweglichkeit des Ignatius, dessen Vorschriften nichts Starres an sich haben. Er möchte seine Anweisungen dem einzelnen Fall angepaßt wissen. Im ganzen aber sollen die Exerzitien, wie er hinzufügt, ungefähr 30 Tage dauern. Im Gegensatz zu seinen eigenen geistlichen Lehrern hat Ignatius kein Lehrbuch der Frömmigkeit für das ganze Jahr oder gar für das ganze Leben geschrieben, sondern eine Art «Lehrerhandbuch», das dem Leiter der Exerzitien und seinem Schüler während einer genau umschriebenen Zeit helfen soll.

Die letzte dieser Regeln empfiehlt dem Exerzitanten die Absonderung von seiner Familie und von seinen Freunden und Bekannten für die Dauer eines Monats und den Aufenthalt in einem abgelegenen Zimmer, wo er so zurückgezogen wie möglich leben kann. Denn in der Einsamkeit empfängt die Seele am leichtesten die Gnaden des Herrn.

Dann erst beginnen die eigentlichen Exerzitien, deren Ziel sofort nach der Überschrift angemerkt wird: *Damit man sich selbst überwinde, sein Leben ordne, ohne sich dabei durch irgendeine ungeordnete Neigung bestimmen zu lassen.*

Die erste Woche. Sie wird eröffnet durch eine feierliche Erklärung, die die Überschrift *Grundwahrheit und Grundlage (Principio y fundamento)* trägt:

Der Mensch ist geschaffen, um Gott, unseren Herrn, zu loben, ihm Ehrfurcht zu erweisen und ihm zu dienen und dadurch sein Seelenheil zu erwirken. Die übrigen Dinge auf Erden aber sind des Menschen wegen erschaffen, und zwar damit sie ihm bei der Verfolgung des Zieles, für das er geschaffen ist, behilflich seien. Hieraus folgt, daß der Mensch dieselben insoweit benutzen soll, als sie ihm zur Erreichung seines Zieles dienen, und daß er sich von ihnen insoweit trennen muß, als sie ihn daran hindern.

Deshalb ist es notwendig, uns gegen alle geschaffenen Dinge gleichmütig zu stimmen, insoweit es dem eigenen Ermessen unseres freien Willens anheimgestellt und nicht verboten ist, so daß wir unsererseits die Gesundheit nicht mehr als die Krankheit wollen, den Reichtum nicht mehr als die Armut, die Ehre nicht mehr als die Schmach, ein langes Leben nicht mehr als ein kurzes und so weiter in allen übrigen Dingen, indem wir einzig das verlangen und wählen, was uns mehr fördert zum Ziel, für das wir geschaffen sind.

In diesen wenigen, kraftvollen Sätzen umschreibt Ignatius «die Existenz» des Menschen, um eine moderne Ausdrucksweise zu be-

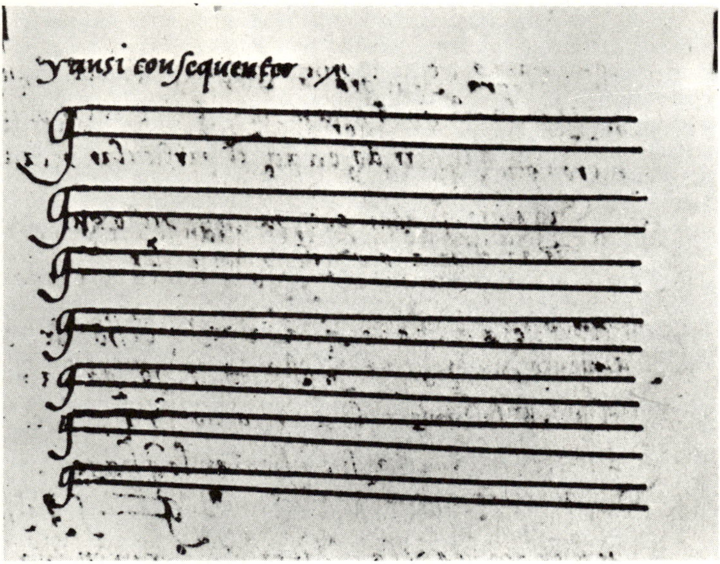

Linienschema für die Gewissenserforschung (aus derselben Handschrift)

nutzen, und seinen Standort in der Gesamtheit der Schöpfung. Das Verhältnis des Menschen zu den Dingen ist durch ein strenges Gesetz geregelt, für das die Erklärer aus der Gesellschaft Jesu den lateinischen Ausdruck *Tantum-quantum* (= *insoweit . . . als*) gebrauchen, der in der Vorstellungswelt eines Jesuiten sofort mit zahlreichen Assoziationen verknüpft ist.

Mit dem *Tantum-quantum* eng verbunden ist der Begriff der «Indifferenz». Denn wie kann man, sobald einmal der Gebrauch der Schöpfung durch das unerbittliche Gesetz des *Tantum-quantum* bestimmt ist, im Grunde seines Herzens noch eine selbstsüchtige Neigung aufrechterhalten?

In der Seelenführung stellte Ignatius die «völlige Indifferenz» als Ziel jeglicher Willensschulung auf. Nicht, als ob er die Mißachtung der persönlichen Neigungen des einzelnen selber geübt oder den Oberen angeraten hätte. Er nahm im Gegenteil Rücksicht darauf und forderte sogar, daß man ihnen, soweit es nur möglich ist, Rechnung trage. Aber er leitete seine Schüler dazu an, nur e i n e Neigung zu haben, die Neigung zum Gehorsam; und wenn einer von ihnen jemals seine Anerkennung verdient hat, dann war es Hieronymus Nadal, als er auf die Frage, ob er die Ernennung zum Oberen des Hauses in Loreto annehmen würde, zur Antwort gab, er habe nur die einzige Neigung, daß er zu keiner Aufgabe besonders hinneige.

Die eigentlichen Übungen der ersten Woche beginnen mit der Erklärung der allgemeinen und besonderen Gewissenserforschung. Ignatius, der auf dem Montserrat seine eigene Bekehrung mit einer ausführlichen schriftlichen Beichte besiegelt hatte, wußte, wie notwendig und wertvoll ein solches Verfahren, in dem man offen von seinen Sünden abrückt, für alle ist, die sich noch auf dem «Wege der Reinigung» befinden. In der Tat ist die ganze erste Woche dem Nachdenken über die Sünde gewidmet. Der Mensch, der die *Grundwahrheit und Grundlage* erkannt hat, soll nun entdecken, in welchem Maße sein bisheriges Leben ungeordnet war.

Um seine Lebensführung wieder zu ordnen, muß er sich von seinen Fehlern, besonders von den gewohnheitsmäßigen, zu befreien suchen. Zur Erleichterung dieser Aufgabe schlägt Ignatius ihm ein merkwürdiges Hilfsmittel vor. Es handelt sich dabei um eine Tabelle aus sieben untereinander angeordneten Doppellinien, von denen jede einem bestimmten Wochentag entspricht. Auf diesen Linien soll der Exerzitant jedesmal einen Punkt einzeichnen, wenn er in den Fehler zurückfällt, von dem er sich freimachen will. So kann er von einer Gewissenserforschung zur anderen, Tag für Tag und Woche um Woche, feststellen, ob er Fortschritte gemacht hat.

Das Verfahren erinnert an die Methoden der *Devotio moderna* und verrät eine tiefe psychologische Weisheit. Sollte man daran zweifeln, so würde man bald zu seiner Überraschung durch keinen geringeren als Benjamin Franklin widerlegt. Denn dieser kluge Staatsmann erzählt in seinen Lebenserinnerungen, wie er sich eines Tages entschloß, ausgerechnet «die sittliche Vollkommenheit» zu erreichen. Er dachte über die Tugenden nach, die er zu bekommen wünschte: die Mäßigkeit, das Schweigen, die Ordnungsliebe ... Er zählt insgesamt dreizehn auf – bis zur Keuschheit und Demut! Da faßte er, einer von Pythagoras empfangenen Anregung folgend, den Vorsatz, sein Gewissen mit Hilfe täglicher Aufzeichnungen zu erforschen. Zu diesem Zweck legte er sich ein Büchlein an, auf dessen Seiten er oben in waagerechter Anordnung die Wochentage und am linken Rand in senkrechter Anordnung die Tugenden eintrug. Durch Einzeichnung senkrechter und waagerechter Linien entstanden rechteckige Felder, in die Franklin für jeden Fehler, den er beging, einen Punkt eintrug. Das Heft, das vom 1. Juli 1773 datiert ist, ist noch erhalten.

Noch ein zweites praktisches Mittel erwähnt Ignatius. Sooft man in seinen besonderen Fehler fällt, *soll man die Hand an die Brust legen und den Fall bereuen, was auch in Gegenwart vieler geschehen kann, ohne daß sie merken, was man tut.*

Ignatius will also, daß sich Selbstbeobachtung und Reue oft wiederholen, ja, er rät sogar, daß man stündlich *an seine Seele denke.* Wir sehen, wie Ignatius möglichst zu jeder Tagesstunde das Bewußtsein der eigenen Fehler wachhalten möchte, so daß eine ständige Selbstkontrolle stattfindet. Damit steht der Verfasser der *Geistlichen Übungen* in einer alten monastischen Tradition, die über die *Devo-*

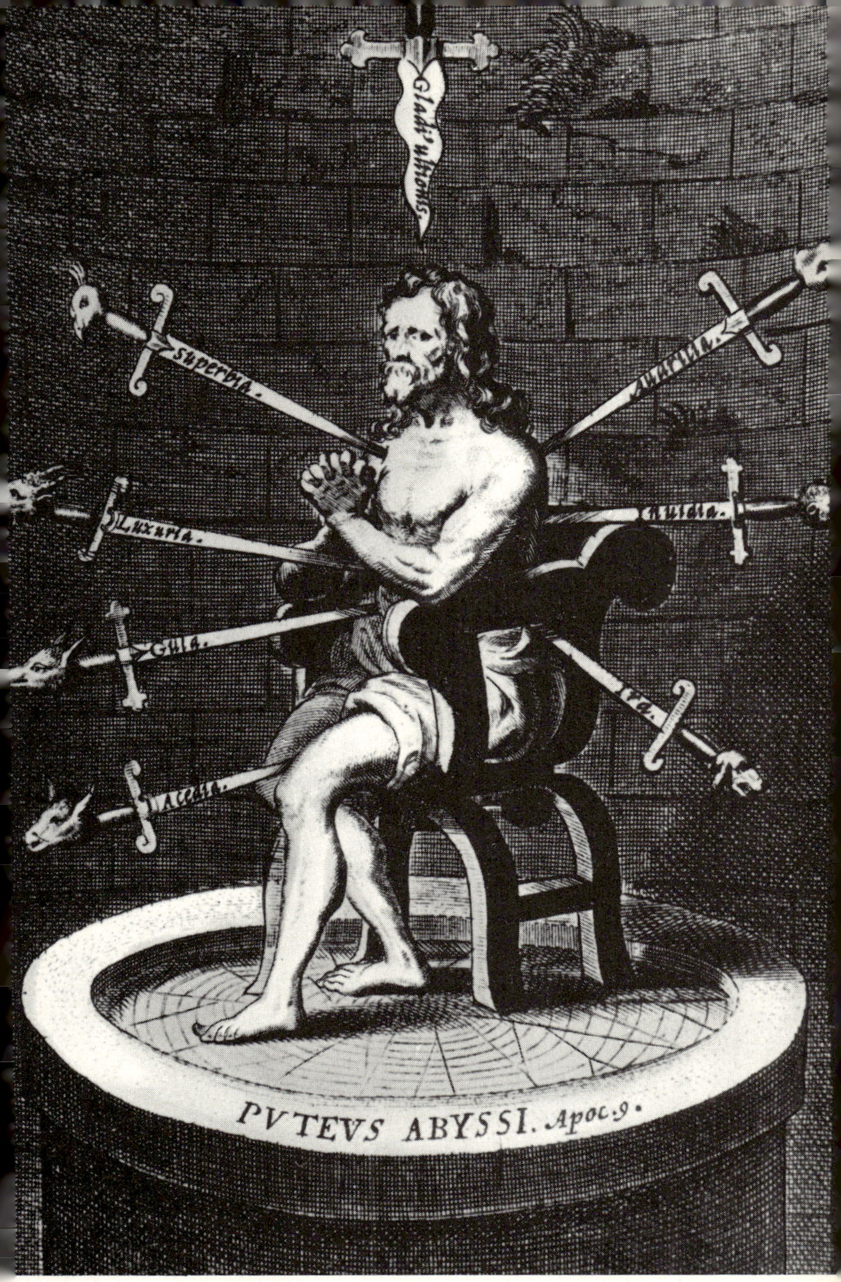

Den Sünder trennt nur ein Spinnengewebe vom Abgrund

tio moderna bis zu den ersten Mönchen hinaufreicht, von denen bereits im 6. Jahrhundert Dorotheos von Gaza die Gewissenserforschung nach jeweils sechs Stunden empfahl.[1]

Als weiteres Mittel zur Erweckung der Reue wird im Verlauf der ersten Woche die Erwägung über drei typische Sünden, wenn man so sagen darf, vorgeschlagen: die Sünde der Engel, die Sünde Adams und Evas und schließlich die Sünde irgendeines Menschen, der in der Hölle ist, also eines Todsünders.

In diesem Zusammenhang erscheint auch zum erstenmal der berühmte Ausdruck *Vorstellung des Ortes* oder, wie Ignatius schreibt, *la composicion viendo el lugar,* d. h.: *die Vorstellung, die darin besteht, daß ich den Ort sehe.* Hierbei handelt es sich um eine Tätigkeit der Phantasie, die sich recht lebhaft einen Ort oder eine Begebenheit aus der heiligen Geschichte vor Augen führt, zum Beispiel (in der 2. Betrachtung der zweiten Woche): *Wie Unsere Liebe Frau im neunten Monat ihrer Erwartung, auf einer Eselin sitzend, wie man sich frommerweise vorstellen darf, und Joseph und eine Magd, ein Rind mit sich führend, von Nazareth auszogen, um nach Bethlehem zu reisen zur Entrichtung der Abgabe, die der Kaiser allen jenen Ländern auferlegt hatte.* Als weiteres Beispiel sei noch angeführt (1. Betrachtung vom 1. Tag der dritten Woche): *... betrachten den Weg von Bethanien nach Jerusalem, ob er breit, ob eng, ob er eben ist und so fort.*

1 Ignatius' Vorliebe für diesen Dorotheos, die er auch seinem eigenen Orden mitgegeben hat, verdient besondere Aufmerksamkeit. Denn sie ist ein weiterer Beweis für die Hochschätzung, die er den Werten des Mönchtums entgegengebracht hat. Übrigens wäre leicht zu zeigen, daß es gerade seine Absicht war, die reiche geistliche Überlieferung der alten Orden in eine Regel umzusetzen, die den Aufgaben seiner Zeit angepaßt war.

«Wie Unsere Liebe Frau und Joseph von Nazareth auszogen . . .»

Nicht immer in den Exerzitien ist die Erweckung von Vorstellungen so einfach wie in den erwähnten Beispielen. Manchmal soll sich die Vorstellung auch auf Unsichtbares richten. So wird zum Beispiel in der Betrachtung über die Sünden verlangt, daß *ich schaue und betrachte, wie meine Seele in diesem verweslichen Körper eingekerkert ist und der ganze Mensch in diesem Erdental wie ein Verbannter unter unvernünftigen Tieren lebt.*

Die reiche Literatur über die Vorstellung des Ortes hat bewiesen, daß Ignatius auch hier in einer Tradition steht, die sich bis ins Hochmittelalter zurückverfolgen läßt. Zu ihr gehörte im 12. Jahrhundert der Zisterzienserabt Aelred von Rievaux in England. Sie setzt sich dann über Pseudo-Bonaventura und Ludolf den Kartäuser bei Jan Mombaer.und den Mystikern der flämischen Schule fort. Aber

Ignatius darf als seine Leistung beanspruchen, daß er der Vorstellung des Ortes eine besondere Bedeutung gegeben hat, indem er sie zur Vorübung für die Betrachtung machte.

Gleichwohl hat dieser Teil der Methode keine allgemeine Anerkennung gefunden. Theresa von Avila zum Beispiel erklärte sich außerstande zu einer solchen Anstrengung der Phantasie. Auch wurde behauptet, daß die echten Mystiker leicht auf diese untergeordneten Mittel verzichten könnten. Andererseits erfreute sich die Methode in der Gesellschaft Jesu stets großer Beliebtheit. Ignatius selbst hat sogar — und damit sind wir schon bei den weniger wichtigen Hilfsmitteln für die Phantasie — gegen Ende seines Lebens den Plan erwogen, ein Buch mit sozusagen fertigen Bildern herauszubringen. Er beauftragte Pater Nadal mit der Vorbereitung eines Werkes, das vorzüglich aus Kupferstichen mit Darstellungen biblischer Szenen bestehen sollte. Diese Sammlung erschien erst lange nach dem Tode des Ordensstifters, im Jahre 1593, in Antwerpen als Folioband und enthielt neben den Betrachtungen über die Evangelien 153 Stiche von der Hand so bedeutender flämischer Künstler wie Wierx und Collaert.

Die Verwendung solcher Bilder entspringt, wie es scheint, nicht nur dem Bemühen, die Phantasie zu unterstützen und sie an dogmatisch richtigen Darstellungen auszurichten, sondern soll auch die Entstehung bestimmter Grundgestalten des Phantasierens begünstigen, ähnlich jenen Grundlinien, mit denen sich das Gedächtnis eine wirklich gesehene Landschaft oder ein Schauspiel einprägt. So wird die Phantasie in verhältnismäßig engen Grenzen gehalten und kann nicht mehr zügellos umherschweifen, und die Betrachtung geht von Erinnerungen aus, die mit bestimmten Gefühlen verbunden sind und etwa dieselbe Rolle spielen wie ein Fotoalbum, das als Anregung und Hintergrund für liebe Erinnerungen dient.

Auf die erste Woche folgen einige ergänzende *Zusätze* (*Additiones*). Sie beziehen sich auf gewisse körperliche Haltungen und Übungen des Exerzitanten. So soll er etwa, bevor er mit der Betrachtung beginnt, *ein oder zwei Schritte vor dem für die Betrachtung bestimmten Platz während der Dauer eines Vaterunsers stehenbleiben und den Geist nach oben richten.* Diese Übung ist mit der kurzen Sammlung zu vergleichen, die der Beter beim Betreten der Kirche am Weihwasserbecken vornehmen soll, bevor er sich an seinen Platz begibt.

Die Betrachtung selbst soll kniend, liegend oder stehend gehalten werden, je nachdem, welche Haltung für das Gebet am günstigsten ist.

«Sehen den Weg von Bethanien nach Jerusalem . . .»

A
C
G
B

Jesus lehrt seine Jünger am Berg Tabor

Weitere Bemerkungen beschäftigen sich mit dem Schlaf, dem Essen und den körperlichen Bußwerken des Exerzitanten. Ignatius vernachlässigt auch die Einzelheiten nicht, wenn er jemanden in die Schule seiner dreißigtägigen Exerzitien nimmt.

Die zweite Woche. Sie trägt einen völlig anderen Charakter als die erste Woche. Wenn die Seele das Wesen der Sünde und die eigenen Sünden betrachtet, eine reumütige Generalbeichte abgelegt und die Kommunion empfangen hat, ist sie bereit, große Entschlüsse zu fassen oder, genauer gesprochen, auf den Ruf des ewigen Königs zu hören. Um diesen gebieterischen Ruf zu verdeutlichen, stellt ihm Ignatius das Bild eines irdischen Königs vor Augen, der alle Eigenschaften eines trefflichen Herrschers besitzt und der seine Ritter einlädt, ihm zu folgen und mit ihm zusammen das Land der Ungläubigen zu erobern: Welcher Lehnsmann würde da zögern? Christus der Herr aber läßt die Majestät eines jeden irdischen Königs unendlich weit hinter sich und verspricht außerdem einen Ruhm, der mit menschlichem Ruhm nicht mehr zu vergleichen ist.

Die dann folgenden Betrachtungsthemen sind die Menschwerdung und die Geburt Christi, ferner die hauptsächlichsten Ereignisse seines öffentlichen Wirkens bis zum Einzug in Jerusalem am Palmsonntag. Aber diese Linie wird immer wieder von zusätzlichen Betrachtungen unterbrochen, denen Ignatius große Bedeutung beimißt. Hierzu gehört u. a. die fünfte Betrachtung, die in einer *Anwendung der Sinne* auf die Menschwerdung und die Geburt Christi besteht.

Mit dem Wort *Anwendung der Sinne,* das die Erklärer des Exerzitienbuches immer viel beschäftigt hat, befinden wir uns mitten in einer sehr subtilen Psychologie, die das geistliche Leben ebenso wie die fünf Sinne des Menschen betrifft.

Wir erinnern uns zunächst, daß schon am Anfang der Exerzitien die leiblichen Sinne vom menschlichen Streben nach Reinigung betroffen waren, als es darum ging, die früheren Sünden zu sühnen, die ja vielfach gerade im ungeordneten Gebrauch der Sinne ihre Wurzeln haben. Nachdem aber die Ordnung wiederhergestellt und das Fleisch dem Geist unterworfen ist, wird gewissermaßen eine Neugewinnung der Sinne möglich: dieselben Sinne können einer neuen Verwendung zugeführt werden, sobald sie vergeistigt und sozusagen zur Abbildung geistiger Vorgänge befähigt sind.

So wird zum Beispiel der Geschmackssinn, der zu den Ursachen der Unbeherrschtheit beim Essen und Trinken gehört, zuerst einmal negativ durch das Bußfasten in die richtige Ordnung gebracht. Dann soll man sich Christus mit seinen Aposteln beim Mahle vorstellen; das heißt aber: man soll positiv die rechte Einstellung zu diesem Sinn und seiner Betätigung finden, indem man sich lebhaft in die Gesinnung und Haltung Christi beim Mahle versetzt. Ähnlich soll man sich bezüglich der anderen Sinne einüben, so zu sehen, zu hören und zu fühlen, wie Jesus und seine Mutter sahen, hörten und fühlten, und durch diese lebhafte Vorstellung den richtigen Gebrauch seiner eigenen Sinne lernen, um ihn hinzuordnen auf das höchste Ziel des geistlichen Lebens. Es handelt sich also um ein subtiles Verfahren, bei dem man sich selbst wieder in die Hand bekommen, der Geist die Herrschaft über den Körper zurückgewinnen und schließlich der ganze Mensch zu Gott geführt und mit ihm verbunden werden soll.

Darüber hinaus aber können die Sinne, nachdem sie einmal «Geschmack» am Geistigen bekommen haben, auf zahlreiche andere Gegenstände gerichtet und a n g e w e n d e t werden — wie etwa auch auf die Hölle —, so daß der Exerzitant schon am Ende der ersten Woche aufgefordert wird, *zu hören das Geheul der Verdammten . . . zu riechen den Gestank von Schwefel, Unrat und faulenden Dingen, zu kosten bittere Dinge, wie Tränen, Traurigkeit und den Wurm des Gewissens, zu fühlen das Feuer, das die Seelen verzehrt.*

In gleicher Weise kann man die Sinne der Vorstellungskraft auch auf die im Evangelium geschilderten Vorgänge a n w e n d e n, die man sich in einer Vorstellung des Ortes vor die Seele ruft, und damit noch unmittelbarer an den Geheimnissen des Lebens Jesu teilnehmen.

Doch es gibt noch eine höhere Stufe. Denn die Aktivität, die den Geist antreibt, die Sinne der Vorstellungskraft zu betätigen, kann zurücktreten und einer seelischen Haltung Raum geben, die noch schlichter, selbstvergessener und der reinen Beschauung näher ist. Auf dieser Stufe gehen die Sinne der *Vorstellungkraft* allmählich über in die eigentlichen *geistigen* Sinne, die dem Beter den tiefen Eindruck unmittelbarer Gegenwart vermitteln.

Von solcher Art ist sicher die geheimnisvolle und tiefe Erfahrung, die in den Worten angedeutet wird: *Oler y gustar con el olfato y con el gusto la infinita suavidad y dulzura de la divinidad.* Das heißt: *Riechen und Schmecken mit dem Geruch und Geschmack den unendlichen Wohlgeruch und die Süßigkeit der Gottheit* (1. Tag, 5. Betrachtung). Hier berühren wir eine Grenze, wo alles menschliche Bemühen zurückbleibt und die Seele, die rein und mit Gott eins geworden ist, nur noch auf das Kommen ihres Gottes wartet.

Als weitere Ergänzung wird am vierten Tag die Betrachtung von den zwei Bannern eingeschaltet. Ihr geht eine Überlegung über die verschiedenen Lebensstände voraus, und sie soll helfen, die endgültige Wahl richtig zu treffen.

Wir lassen die berühmte Stelle in einer leicht gekürzten Übersetzung, die sich aber sonst eng an den Wortlaut des Originals hält, hier folgen:

Vorübung

1. Sie bietet den geschichtlichen Vorgang, hier: wie Christus alle unter sein Banner ruft und sammeln will und Luzifer dagegen unter das seinige.

2. Anschauliche Vorstellung des Ortes; hier schaue man eine große Ebene in der Umgegend von Jerusalem, wo als höchster, einziger Oberfeldherr der Guten Christus, unser Herr, steht; eine andere Ebene aber in der Gegend von Babylon, wo als Führer der Feinde Luzifer auftritt.

3. Ich bitte um das, was ich begehre, und zwar werde ich hier bitten um Erkenntnis der Trugwerke des bösen Führers und um Hilfe, damit ich mich vor ihnen bewahre, sowie um Erkenntnis des wahren Lebens, das der höchste und wahre Heerführer lehrt, und um die Gnade, ihn nachzuahmen.

Erster Teil

Punkt 1. Ich stelle mir vor, ich sähe den Anführer aller Feinde in jener großen Ebene von Babylon gleichsam auf einem hohen Stuhl von Feuer und Rauch sitzen in schreckenerregender und furchtbarer Gestalt.

Punkt 2. Man betrachte, wie er unzählige böse Geister zusammenruft und wie er sie aussprengt, die einen in diese Stadt und die anderen in eine andere und so über die ganze Welt hin, ohne irgendein Land, einen Stand oder irgendeinen Menschen im einzelnen zu übergehen.

Punkt 3. Man betrachte die Ansprache, die er an sie hält, und wie er sie auffordert, Netze und Ketten auszuwerfen, und zwar sollen sie die Menschen zuerst versuchen durch die Begierde nach Reichtümern, wie er es selbst bei den meisten zu tun pflegt, auf daß sie desto leichter zur eitlen Ehre der Welt und dann zu einem unbändigen Hochmut gelangen. Demnach ergeben sich als erste Stufe die Liebe zu den Reichtümern, als zweite die Ehrsucht vor den Menschen, als dritte der Hochmut Gott gegenüber, und von diesen drei Stufen aus verführt Luzifer zu allen übrigen Lastern.

Zweiter Teil

In ähnlicher Weise soll man sich auf der entgegengesetzten Seite den höchsten und wahren Heerführer vorstellen, der da ist Christus, unser Herr.

Punkt 1. Man betrachte, wie Christus, unser Herr, auf einer großen Ebene in jener Gegend von Jerusalem an einem bescheidenen Platz Stellung nimmt, schön und liebenswürdig.

Punkt 2. Man betrachte, wie der Herr der ganzen Welt so viele Personen auserwählt, Apostel, Jünger usw., und sie über die ganze Welt hin entsendet, auf daß sie den Samen seiner heiligen Lehre unter den Menschen aller Stände und Lebenslagen ausstreuen.

Luzifer auf einem hohen Thron von Feuer

Punkt 3. Man betrachte die Ansprache, die Christus, unser Herr, an alle seine Diener und Freunde hält, die er zu solchem Unternehmen aussendet: wie er ihnen empfiehlt, sie möchten allen zu helfen suchen, indem sie sie zuerst zur größten geistlichen Armut bewegen und, wenn seine göttliche Majestät sich darin gefiele und sie dazu auserwählen wollte, nicht minder zur wirklichen Armut; zweitens zum Verlangen nach Schmähungen und Verachtung, weil aus diesen beiden Dingen die Demut hervorgeht. Es gibt demnach drei Stufen, erstens die Armut gegen den Reichtum, zweitens die Schmach und die Verachtung gegen die weltliche Ehre, drittens die Demut gegen den Hochmut; und von diesen drei Stufen aus sollen die Gesandten Christi die Menschen zu allen übrigen Tugenden anleiten.

Wir müssen beachten, daß Luzifer nach diesem Text auf einer *cathedra,* also auf einem Lehrstuhl sitzt. Die Betrachtung beabsichtigt demnach nicht, den Christen erstmalig in die Streitmacht Christi einzugliedern, der er bereits seit der Taufe angehört, sondern ihm die Täuschungs- und Verführungskünste des Teufels zu zeigen, der ja der Lehrer des Irrtums ist. Hierin liegt vielleicht das Besondere und Originelle der symbolischen Gegenüberstellung, für die sich im übrigen Vorbilder finden lassen, und wäre es auch nur in der Geheimen Offenbarung. Jedenfalls hält Ignatius diese Übung für sehr wichtig, da er sie zweimal, um Mitternacht und am frühen Morgen, anstellen und während des Tages noch zweimal, zur Zeit der Messe und der Vesper, wiederholen läßt. Nach dem Zeugnis, des Oliver Manare, der darüber eine vertrauliche Mitteilung des Ignatius empfangen hatte, ist es wahrscheinlich, daß Ignatius selber diese Betrachtung über das Banner des Königs und das Banner *des Feindes der menschlichen Natur* in Manresa gehalten hat, und daß sie daher, wenn nicht den ältesten, so doch einen der ersten Bestandteile der Exerzitien darstellt. Im Gegensatz dazu ist die Betrachtung von den *drei Menschenpaaren* jüngeren Datums. Sie stammt mit Sicherheit aus einer Zeit, in der Ignatius schon feststellen konnte, wie sehr das Verlangen nach irdischen Gütern eine echte Bekehrung verhindern kann. Vermutlich hat er diese traurige Erfahrung in Paris gemacht, wo er mit Klerikern zusammenkam, die nur nach einer Pfründe trachteten. Daher empfiehlt er allen Ordensleuten und Laien die Indifferenz gegenüber dem Geld, wie sie die dritte Menschengruppe hat, die ebensowenig Neigung zeigt, das erworbene Gut zu behalten, wie es aufzugeben.

Wenn der Exerzitant die Nichtigkeit des Reichtums erfaßt hat, wird er bereiter sein, auch die Eigenliebe zu opfern und den Weg der Demut zu beschreiten. Der erste Grad der Demut besteht im Gehorsam gegen die Gebote Gottes in jeder Stellung, die man einnimmt, mag es auch die höchste sein. Der zweite Grad ist nichts anderes als die Indifferenz, die die Ehre nicht mehr sucht als das Gegenteil. Der dritte, vollkommenste Grad verlangt, daß man *eher mit dem armen Christus die Armut will und wählt als den Reichtum und eher die Schmach mit dem schmacherfüllten Christus als Ehren und es vorzieht, für einfältig und töricht gehalten zu werden um Christi willen, dem es zuerst so erging, als für weise und klug in dieser Welt.*

Hat sich der Exerzitant diese Haltung heroischer Loslösung von der Welt zu eigen gemacht, kann er die endgültige Wahl oder die *Electio*, wie Ignatius sagt, treffen. Damit stehen wir am Ende der zweiten Woche bei dem Herzstück der *Geistlichen Übungen*. Jetzt soll sich die Seele, nachdem sie das Ziel, zu dem sie streben muß, und die ihr gezeigten Wege zu diesem Ziel erkannt hat, vollends der Haltung der Großmut und Hochherzigkeit hingeben.

Aber vor der Darlegung der zwei Arten, eine gute Wahl vorzunehmen, läßt Ignatius noch einige Vorüberlegungen anstellen. Er gibt erstens zu bedenken, daß man meist das Ziel dem Mittel unterordnet anstatt das Mittel dem Ziel. *So entschließen sich viele zur Ehe, als wenn diese das Ziel wäre, das man erstreben soll, und erst in zweiter Linie, Gott in der Ehe zu dienen, während doch in Wirklichkeit der Dienst Gottes das Ziel und die Ehe nur ein Mittel dazu ist.*

Hier erwartet man nun ein entsprechendes Beispiel für die Kleriker, und es folgt in der Tat sogleich, mag es uns auch ein wenig sonderbar vorkommen. Ignatius schreibt nämlich: *Andere erstreben zuerst kirchliche Pfründen und wollen dann Gott darin dienen.* Nach dieser zeitbedingten Gegenüberstellung der beiden Stände fährt er fort: *Zuerst müssen wir uns vor Augen stellen, daß wir Gott dienen wollen, was das Ziel ist, und an zweiter Stelle, daß wir eine Pfründe annehmen oder in die Ehe treten wollen — falls dies für mich besser ist —, was das Mittel zum Zweck ist.*

In der zweiten Vorüberlegung weist er darauf hin, daß es eine unabänderliche und eine veränderliche Wahl gibt. Unabänderlich ist der Eintritt ins Priestertum oder in die Ehe, veränderlich sind die Übernahme oder Aufgabe kirchlicher Pfründen, sowie die Annahme zeitlicher Güter oder der Verzicht darauf. Hat man eine unveränderliche Wahl richtig gemacht, braucht man sie nicht von neuem vorzunehmen.

Die dritte Überlegung betrifft die drei Zeiten, in denen eine gute Wahl vorgenommen werden kann. Es kann erstens sein, daß Gott einen Menschen plötzlich und ohne Vorbereitung anruft, wie er es bei Matthäus getan hat oder bei Paulus auf dem Wege nach Damaskus. Zweitens kann man aber auch unmittelbar angerührt werden durch mystische Gnadenerweise und reiche Tröstungen, wenn man sich auf dem Wege zu Gott befindet, oder Trostlosigkeit, wenn man sich von ihm entfernt. In diesem Fall soll die Wahl nach den *Regeln zur Unterscheidung der Geister* erfolgen. Schließlich gibt es noch eine dritte Möglichkeit für den Fall, daß man keine Hilfe der obengenannten Art erfährt. Dann soll man zuerst eingehend bedenken, *wozu der Mensch auf Erden ist, nämlich um Gott zu loben und seine Seele zu retten, und sich dann in Ruhe entscheiden für eine Lebensweise oder einen Stand innerhalb der von der Kirche gesetzten Grenzen.*

Bei dieser dritten Art zu wählen gibt es wieder zwei Weisen, die jeweils einer bestimmten seelischen Verfassung entsprechen. Die eine ist mehr rational berechnend und abwägend, die andere berücksichtigt mehr die irrationalen, gefühlsmäßigen Antriebe.

Wenn nicht alles täuscht, ist die erste Weise vor allem für Kleriker bestimmt. Es fällt jedenfalls auf, daß Ignatius wieder das Beispiel von der *Pfründe, die ich annehmen oder aufgeben soll,* gewählt hat. Dann heißt es weiter: . . . *oder irgendeinen anderen Gegenstand, der einer veränderlichen Wahl unterliegt.* Doch die folgenden Sätze beweisen deutlich, daß es sich hier um einen Menschen handelt, der bereits eine gewisse Erfahrung im Umgang mit zeitlichen Gütern hat. Er soll sich ihnen gegenüber, bevor er sie aufgibt, völlig indifferent stimmen und in sorgfältiger Überlegung (*raciocinando*) gleichsam abwägen, welche Vorteile das betreffende Amt oder die Pfründe mit sich bringt und umgekehrt, welche Nachteile und Gefahren damit verbunden sind. Alsdann soll er *sehen, nach welcher Seite die Vernunft mehr hinneigt, und so nach dem stärkeren Antrieb der Vernunft und nicht nach irgendeinem sinnlichen Antrieb die Entscheidung treffen.* Dieses nüchterne rationale Abwägen darf nicht mißverstanden werden; denn Ignatius hat einige Zeilen vorher dieses Verfahren in einen höheren Zusammenhang eingeordnet: dort rät er dem Exerzitanten, er möge *Gott, unseren Herrn, bitten, er wolle meinen Willen bewegen und mir das in die Seele legen, was ich in der vorliegenden Sache tun soll.* Während sich also zuerst die beiden Waagschalen im Gleichgewicht befinden, neigt sich die eine allmählich unter dem Einfluß des erwägenden Überdenkens (*discurriendo*) und der Gnade nach unten, und die Wahl kann vollzogen werden.

Ganz verschieden davon ist die zweite Weise. Hier betrachtet man zunächst, *wie die Liebe, die mich bewegt . . . gerade diese Sache zu wählen, von oben her aus der Gottesliebe herabsteigen muß.* Dann soll man gleichsam aus sich heraustreten und sich vorstellen, wie ein anderer die Wahl vornimmt, den man dabei beraten soll. Und wie dieser Rat nur das zum Inhalt haben kann, was der größeren Ehre Gottes und der größeren eigenen Vollkommenheit dienlich ist, so soll man auch sich selbst raten. Dann soll man wieder zu sich selbst zurückkehren und sich fragen, welche Entscheidung man in seiner Todesstunde gefällt zu haben wünschte. Endlich soll man in eine noch fernere Zukunft blicken, sich vorstellen, wie man am Tage des Gerichts vor dem Richterstuhl Gottes stehen und sich an die jetzige Wahl erinnern wird, und sich dann fragen, welche Linie man dann in der gegenwärtigen Angelegenheit befolgt zu haben wünschte. Es kann nur die sein, die man jetzt bereits klar und deutlich kennt. Daher muß man sie sich *auch jetzt zu eigen machen (tomarla agora), damit man sich in jener Stunde von Freude und Wonne erfüllt finde.*

Diese letzte Form der Wahlbetrachtung scheint besonders für junge Menschen geeignet zu sein, die noch der Begeisterung und der hochherzigen Liebe fähig sind.

Von diesem Gipfel steigt Ignatius jetzt wieder hinab zu all denen, die ihm nicht auf diese Höhe folgen konnten. Ignatius denkt an die geistlichen Würdenträger und die Eheleute (*los que estan constituidos en prelatura o en matrimonio*). Obwohl sie bereits eine unveränderliche Wahl getroffen haben, können auch sie noch jetzt manche Entschlüsse in den Punkten fassen, die sehr wohl einer veränderlichen Wahl unterliegen. Vielleicht haben sie aber keine Gelegenheit dazu oder nicht mehr das Verlangen danach. Für diesen Fall schlägt Ignatius ihnen vor, trotzdem die *Geistlichen Übungen* auf die Besserung ihres bisherigen Lebens zu verwenden, indem sie über die Richtlinien einer guten Wahl nachdenken. Durch die Betrachtung und Erwägung dieser Texte werden sie deutlicher erkennen, wie sie zum Beispiel ihrem Hause besser vorstehen, wie viele Diener sie halten, wie sie ihre «Familie», d. h. ihre Diener, und ihre Angehörigen leiten und wieviel Geld sie für die Armen und andere gute Werke aufwenden sollen, indem sie in allen diesen Dingen einzig und allein die größere Ehre des Herrn suchen.

Man spürt, daß diese Anweisungen vor dem Eintritt in die dritte Woche, so liebevoll sie auch sind, nur eine Erleichterung darstellen für diejenigen, die sich aus Mangel an Mut nicht zum Höchsten entschließen wollen oder es nicht können, weil sie schon eine endgültige Wahl getroffen haben.

DIE DRITTE WOCHE. Sie enthält ausschließlich Betrachtungen über das Leiden Christi, die im Anschluß an das Evangelium dem Weg des Herrn von Bethanien nach Jerusalem bis zum Ende des Leidens folgen.

Als Anhang sind der dritten Woche noch acht Regeln über das Verhalten und die rechte Ordnung beim Essen beigefügt. Diese Vorschriften verraten viel Sinn für das wirkliche Leben und sind auf einer guten Kenntnis der menschlichen Seele gegründet.

Schon oft wurde die Frage gestellt, warum Ignatius gerade an dieser Stelle seines Buches derartige Anweisungen eingefügt hat. Vielleicht hat er es für passend gehalten, an das Ende der Woche, die er mit einer Betrachtung über das letzte Abendmahl beginnen läßt, als Gegenstück eine Betrachtung über unsere eigenen Mahlzeiten zu stellen.

Man kann aber auch sagen, daß diese auf das Essen und Trinken angewandte Askese noch einen sehr bezeichnenden symbolischen Sinn allgemeiner Natur hat: sie soll nämlich den Verzicht auf das bloße Vergnügen ausdrücken. Gerade am Ende der dritten Woche, die der Betrachtung des Leidens Christi gewidmet war, erscheint es sinnvoll, den Exerzitanten dazu anzuleiten. Nachdem der Verzicht auf Ehren und Reichtum als Voraussetzung für die Wahl bereits gefordert wurde, beginnt jetzt nach der Wahl seine Verwirklichung im Alltag.

DIE VIERTE WOCHE. Sie wird eröffnet von der Betrachtung des auferstandenen Christus: *Wie unser Herr Unserer Lieben Frau erschien.*

«Wie Unser Herr Unserer Lieben Frau erschien . . .»

In ihrem weiteren Verlauf werden dann die verschiedenen Erscheinungen Christi bis zu seiner Himmelfahrt betrachtet.

Diese Woche strömt geradezu über von Freude und Jubel. Von der Stunde des Erwachens an wird der Exerzitant zur Mitfreude mit dem Auferstandenen eingeladen; und um die geistliche Freude noch zu steigern, soll er sich auch der Helligkeit des Tages und der Annehmlichkeiten der jeweiligen Jahreszeit bedienen, indem er im Sommer den kühlen Schatten und im Winter den Sonnenschein oder die Wärme des Feuers genießt. In diesen Anweisungen erkennt man die ästhetische Veranlagung des Ignatius, der sich selbst immer tief beeindrucken ließ von der Musik und dem Sternenhimmel. Hier möchte er, daß die ganze Schöpfung einbezogen wird in den Siegesjubel über die Auferstehung, vor allem auch durch den Widerhall, den die Natur auf dem Weg über die leiblichen Sinne im Herzen des Menschen hervorruft. Der Bruder Leib soll auch sonst in dieser letzten Woche besser behandelt werden. Statt fünf sollen jetzt nur noch vier Übungen täglich gehalten werden; denn die mitternächtliche als die mühevollste fällt aus. Ferner tritt an die Stelle der

Bußübungen die Mäßigkeit, wobei nur noch die allgemeinverbindlichen Fasten- und Abstinenzgebote zu halten sind.

Zur vierten Woche gehört auch die *Betrachtung zur Erlangung der Liebe,* in der die Erklärer gerne einen Höhepunkt der ignatianischen Mystik sehen. Sie geht aus von einer kurzen Bemerkung, die gerade in ihrem knappen Wortlaut mehr aussagt als eine lange Abhandlung: *Die Liebe muß mehr in die Werke als in die Worte gesetzt werden.* Dann folgt eine Vorstellung des Ortes: Man soll versuchen, sich vor das Angesicht Gottes, der Engel und der Heiligen zu versetzen, und dann den Herrn um tiefe *Erkenntnis* der von ihm empfangenen Güter bitten, damit man eine herzliche *Dankbarkeit* empfinde.

Die Erinnerung an die Gaben Gottes, deren höchste Er selbst ist, und die Schlußfolgerung, daß der Mensch darum als Gegengabe alles und sich selbst völlig Gott hinschenken muß, sind die wesentlichen Gedanken des ersten Punktes. Im zweiten Punkt soll Gottes Gegenwart in allen Geschöpfen betrachtet werden, während der dritte Punkt zu der Erwägung anleitet, wie der überall gegenwärtige Gott im Menschen und gleichzeitig in der ganzen Schöpfung wirkt und tätig ist. Der vierte Punkt endlich besteht in der Betrachtung, wie alle Güter und Gaben von oben herabsteigen und wie die Gerechtigkeit, die Güte und die Barmherzigkeit von Gott herkommen, wie das Wasser aus der Quelle und die Strahlen von der Sonne.

Dieser herrliche dichterische Höhenflug gleicht einer großartigen Rosette, die noch einmal am Ende der Exerzitien die unendliche Größe Gottes aufleuchten läßt. Es ist ein Stück Theologie – hat man gesagt, als ob es Ignatius hier auf den Beweis angekommen wäre, daß er die grundlegenden Glaubenswahrheiten darzustellen vermag. Aber es handelt sich doch wohl um etwas ganz anderes, worauf schon der Titel der Betrachtung zur *Erlangung der Liebe (para alcanzar amor)* hinweist: *alcanzar* aber bedeutet wörtlich *nachgehen, zu erreichen suchen.* Die bis ins einzelne gehende Aufzählung der Gaben Gottes und der verschiedenen Weisen seiner Gegenwart und seines Wirkens richtet sich hier nicht nur an den Verstand, sondern in erster Linie an das Herz. Dem Exerzitanten wird eine ganz neue Art der Nachfolge Christi gezeigt: Gott alles zu geben, was er ihm geben kann, zum Dank für die empfangenen Wohltaten. Der Mensch soll in dem Maße, wie sein Verlangen nach Gotteslob und Gottesdienst wachsen muß, in die Welt hineinschauen und sich von dem Aufschwung emportragen lassen, den die staunende Bewunderung schenkt.

Doch diese ganze Erklärung bleibt immer noch sehr an der Oberfläche. Für Ignatius selbst war die Betrachtung *ad amorem* sicherlich nur eine in Worte gefaßte innere Erfahrung und das ihm schon längst vertraute Erlebnis der Einheit mit Gott, dessen unaussprechliches Geheimnis den anderen mitzuteilen er als die Aufgabe seines Lebens ansah.

Die vierte Woche schließt mit einem Nachtrag, der aus verschiede-

Christus am Ölberg. Vom Meister der Karlsruher Passion, um 1450/60

nen Gründen Befremden erregen kann. Denn was sollen hier diese angehängten Belehrungen über die drei Gebetsweisen? Hätten sie nicht schon weit früher eingereiht werden können? Darauf kann man erwidern, daß Ignatius wahrscheinlich seinem Exerzitanten als Abschiedsgeschenk und gewissermaßen als Wegzehrung die Frucht seiner eigenen Gebetserfahrungen mitgeben wollte. Aber noch merkwürdiger sind diese Gebetsweisen in sich.

Die erste ist wohl eher als eine selbständige Betrachtung über die zehn Gebote, die sieben Hauptsünden, die Seelenkräfte und die fünf Sinne anzusprechen. Der Exerzitant soll unter diesen verschiedenen Gesichtspunkten seine eigene Unvollkommenheit prüfen und daraus für seine Seele Gewinn ziehen.

Die zweite Gebetsart aber vollzieht sich so: man knie oder sitze, je nachdem man mehr zum einen oder anderen disponiert ist und je nachdem für einen mehr Andacht damit verbunden ist; die Augen halte man geschlossen oder auf eine bestimmte Stelle gerichtet, ohne sie dahin und dorthin zu wenden; dann spreche man «Vater» und verweile bei der Betrachtung dieses Wortes so lange Zeit, als man verschiedene Bedeutungen, Gleichnisse, Genuß und Tröstung bei den auf dieses Wort bezüglichen Erwägungen findet. Und auf gleiche Weise verfahre man bei jedem Wort des Vaterunsers oder jedes anderen Gebetes, das man etwa nach dieser Gebetsweise verrichten will.

Ignatius hat diese Anweisungen, die soviel Ähnlichkeit mit der Gebetstechnik der Ostkirche haben, wahrscheinlich unter dem Einfluß des von García de Cisneros verfaßten «Exercitatorio» niedergeschrieben, in dem sich auch die Vorschrift findet, der Beter solle, wenn er allein ist, die Arme erheben wie Aaron, knien wie Christus am Ölberg, auf dem Boden ausgestreckt liegen wie Maria Magdalena zu den Füßen des Heilandes oder die Arme in Kreuzform ausstrecken.

García de Cisneros gibt auch dem Mönch, der den Weg der Erleuchtung beschreitet, den Rat, bei irgendeinem Gedanken seiner Betrachtung liebevoll zu verweilen und sein Herz warm werden zu lassen, wobei es gar nichts ausmache, wenn die ganze Gebetszeit mit dem Verkosten eines einzigen Gedankens ausgefüllt wird.

Auch Ignatius hat diesen Fall vorgesehen: Wenn man im Vaterunser ein oder zwei Worte findet, die reichen Trost bringen, ist es nicht falsch, die ganze Betrachtungsstunde damit zuzubringen und dann das Gebet in der gewöhnlichen Weise zu Ende zu sprechen.

Die dritte Gebetsweise wird von Ignatius mit den Worten *por compas* umschrieben, das heißt etwa: *nach einem bestimmten Zeitmaß* oder *rhythmisch.*

Sie besteht darin, *daß man zu jedem Atemzug oder Atemholen innerlich betet, indem man e i n Wort des Vaterunsers ausspricht oder eines anderen Gebetes, das gerade verrichtet wird, so daß zwischen dem einen und dem anderen Atemzug nur e i n Wort gesprochen wird und in der Zwischenzeit von einem Atemholen zum andern die Aufmerksamkeit hauptsächlich auf die Bedeutung dieses Wortes gelenkt wird oder auf die Person, zu der man betet . . .*

Eine Eigenart ist diesen verschiedenartigen Verfahren gemeinsam: sie nehmen die ganze Aufmerksamkeit in Anspruch, die sich gleichzeitig auf den Inhalt des Gebetes und auf die Umstände richten muß, unter denen es sich vollzieht. Nach dem heiligen Bernhard üben alle Mönche irgendwie das methodische Gebet; denn auch der Psalmengesang ist nichts anderes als ein rhythmisches, gesungenes Gebet. Theresa von Avila suchte ihre Mitschwestern mit dieser Gebetsweise vertraut zu machen, die weit entfernt ist von einem zerstreuten Hersagen der Worte, als sie schrieb: «Wie armselig würde sich das mündliche Gebet ausnehmen, wenn es nicht begleitet wäre von dem Gebet des Herzens!»

Doch das ist noch nicht alles. Denn man darf sich auch fragen, ob diese Methode, die das Gebet für eine gewisse Zeit ausdehnen läßt auf das Leben selbst, d. h. bis in den lebendigen Rhythmus des Atmens hinein, für Ignatius nicht einen Versuch bedeutete, das ganze Sein des Menschen zu heiligen und es so aufnahmefähig zu machen für den Einbruch der göttlichen Gnade.

Obgleich nun die eigentlichen *Geistlichen Übungen* zu Ende sind, bringt Ignatius in einem weiteren Anhang noch fünf Gruppen von Regeln. Die beiden ersten Gruppen betreffen die Unterscheidung der Geister, die dritte beschäftigt sich mit der Almosenverteilung, die vierte bietet Hilfen für die Entlarvung und das Erkennen der Skrupel, die fünfte endlich will zeigen, wie man in der Gesinnungsgemeinschaft mit der streitenden Kirche bleiben soll. Nach allgemeiner Ansicht sind die Regeln für die Almosenverteilung in Paris entstanden, nachdem Ignatius bei den Geistlichen dieser Stadt eine besonders große Habgier festgestellt hatte, eine Erfahrung übrigens, die sich ziemlich oft wiederholt haben muß, da er auch noch fünfzehn Jahre später es für gut hielt, jene Empfehlungen aufrechtzuerhalten. Gleichfalls in Paris, wo er sich kurz nach der Reformation in einer vom Irrtum bereits angesteckten Umgebung aufhielt, erachtete er es für notwendig, seine Regeln über die kirchliche Gesinnung zu verfassen. Einige davon wurden jedoch wahrscheinlich schon früher entworfen, als Ignatius in Alcalá de Henares weilte, wo man ihn als einen Illuminaten ansah; wieder andere Regeln dieser Gruppe können in Norditalien entstanden sein.

Die Regeln für die Unterscheidung der Geister hingegen sind bedeutend älter. In ihren ersten, wesentlichen Ansätzen gehen sie auf die Zeit zurück, da Ignatius die ersten Schritte auf dem Wege seiner Bekehrung machte und dabei die Regungen seiner Seele beobachtete. Erst ein Vierteljahrhundert später wurden diese Regeln veröffentlicht, indem Ignatius sie bezeichnenderweise seinem Werke auf den letzten Seiten gewissermaßen als Siegel der Beglaubigung beigibt.

Die erste Gruppe umfaßt vierzehn Regeln für die erste Woche, die zweite Gruppe von acht Regeln ist für die zweite Woche bestimmt. Diese zweite, kürzere und gedanklich reichere Gruppe, die auch eine feine psychologische Kenntnis zeigt, soll hier folgen:

1. *Es ist Gott und seinen Engeln bei ihren Anregungen eigen,*

«Wie die Strahlen von der Sonne . . .»

wahre Fröhlichkeit und geistliche Freude mitzuteilen und alle Traurigkeit und Verwirrung, die der böse Feind der Seele einflößt, zu verbannen. Diesem dagegen ist es eigen, gegen solche Fröhlichkeit und geistliche Tröstung anzukämpfen, indem er Scheingründe, Spitzfindigkeiten und ständige Trugschlüsse anwendet.

2. Gott, unserem Herrn, allein kommt es zu, der Seele ohne vorausgehende Ursache Trost zu spenden. Denn nur dem Schöpfer ist es eigen, in der Seele ein- und auszugehen und in ihr seine Anregungen zu bewirken, indem er sie ganz zur Liebe seiner göttlichen Majestät hinzieht. Ich sage «ohne Ursache», d. h. ohne irgendwelche vorhergehende Wahrnehmung oder Erkenntnis eines Gegenstandes, wodurch der Seele derartige Tröstung mittels der eigenen Verstandes- und Willensakte zuteil würde.

3. Mittels einer vorhergehenden Ursache vermag ebenso der gute Engel wie der böse die Seele zu trösten, jedoch zu entgegengesetzten Zwecken: der gute Engel zum Fortschritt der Seele, auf daß sie wachse und vom Guten zum Bessern aufsteige, der böse Engel zum Gegenteil und damit er sie schließlich zu seiner verworfenen Absicht und Bosheit hinzerre.

4. Dem bösen Engel, der sich in einen Engel des Lichtes umwandelt, ist es eigen, mit der frommen Seele einzutreten und mit sich selbst wieder auszutreten, das heißt: er pflegt erst gute und heilige Gedanken, die einer solchen gerechten Seele entsprechen, einzuflößen, und dann versucht er langsam beim Weggehen, die Seele in seine versteckten Trügereien und schlechten Absichten hineinzuziehen.

5. Wir müssen sehr achthaben auf den Verlauf unserer Gedanken; sind der Anfang, die Mitte und das Ende durchaus gut und auf etwas völlig Gutes gerichtet, so ist dies ein Kennzeichen des guten Engels. Wenn es aber im Verlauf der Gedanken, die er einflößt, auf etwas Schlechtes oder Ablenkendes hinausläuft oder auf etwas, das minder gut ist, als was die Seele vorher zu tun beabsichtigt hatte, oder wenn es die Seele schwächt oder beunruhigt oder verwirrt, indem es ihr den Frieden, die Ruhe und die Stille benimmt, die sie zuvor besaß, so ist das ein klares Zeichen, daß es vom bösen Geist, dem Feind unseres Fortschritts und ewigen Heils, herkommt.

6. Hat man den Feind der menschlichen Natur an seinem Schlangenschweif und an dem schlechten Ziel, zu dem er führt, wahrgenommen und erkannt, so ist es für den, der von ihm versucht wurde, von Nutzen, sofort danach den Verlauf der guten Gedanken, die er eingab, zu überdenken, sowohl deren Anfang, als auch wie der Feind sich bemühte, ihn von dem Zustand der inneren Wonne und geistlichen Freude, in der er sich befand, ganz allmählich herabsteigen zu lassen, bis er ihn schließlich zu seinem schlechten Vorhaben hinabzog. Im Besitz der so gewonnenen und beherzigten Erfahrung sei er künftig auf der Hut vor dessen gewohnten Trugkünsten.

7. Bei denen, die vom Guten zum Bessern voranschreiten, be-

EXERCITIA

SPIRITVALIA.

rührt der gute Engel die Seele süß, leicht und mild wie ein Wassertropfen, der in einen Schwamm eindringt, der böse Engel hingegen berührt sie scharf, laut und unruhig, wie wenn ein Wassertropfen auf Felsgestein fällt; die aber, die vom Bösen zum Schlechteren voranschreiten, werden von den vorhin genannten Geistern auf die entgegengesetzte Weise berührt. Der Grund hiervon liegt darin, daß die Verfassung der Seele den erwähnten Engeln entweder entgegengesetzt oder gleichartig ist. Ist sie nämlich entgegengesetzt, so dringen die Geister mit Geräusch und bemerkbar ein, so daß man sie leicht gewahren kann; ist sie aber ähnlich, so tritt der Geist in Stille ein, wie in sein eigenes Haus bei offener Tür.

8. Erfolgt die Tröstung ohne vorausgehende Ursache, so liegt ihr zwar kein Trug zugrunde, weil sie ja — wie gesagt wurde — nur von Gott, unserem Herrn, herrührt. Gleichwohl muß die dem geistlichen Leben zugewandte Person, der Gott eine solche Tröstung mitteilt, mit großer Wachsamkeit und Aufmerksamkeit zuschauen und die eigentliche Zeit einer solchen Tröstung selbst wohl unterscheiden von der nachfolgenden Zeit, in der die Seele noch erwärmt und beglückt bleibt durch die Gunsterweisung und die Nachwirkungen der vorausgehenden Tröstung; denn oft bildet sie in dieser zweiten Zeit durch eigenes Nachdenken aus den Beziehungen und den Folgen der Begriffe und Urteile unter dem Einfluß des guten oder des bösen Geistes verschiedene Vorsätze und Meinungen, die nicht unmittelbar von Gott, unserem Herrn, eingegeben sind und deshalb sehr genau geprüft werden müssen, ehe man ihnen seine volle Zustimmung erteilt oder sie in die Tat umsetzt.

Das Exerzitienbuch, dessen Inhalt wir kurz wiedergegeben haben, hat eine reiche Literatur hervorgerufen. Immerhin befassen sich von den 2872 Titeln aus den Jahren 1894—1957, die die «Bibliographie ignatienne» von Gilmont und Dalman aufführt, 1374 – also fast die Hälfte – mit dem Exerzitienbuch, obgleich die Herausgeber die Arbeiten über die Exerzitien im weiteren Sinne nicht aufgenommen haben. Letztere bilden, für sich genommen, eine besondere «Bibliothek der Exerzitien» von beachtlichem Umfang.

Viele Theologen und asketische Schriftsteller haben das Werk des Ignatius eingehend untersucht und sich im einzelnen mit seiner Lehre befaßt. Dabei wurden auch einige Vorbehalte allgemeiner Art ausgesprochen. So konnte man häufig die Ansicht hören, schon das Prinzip und Fundament der Exerzitien enthalte ein übersteigertes Vertrauen auf den Menschen und auf dessen Fähigkeit, aus eigener Kraft zu Gott zu gelangen. Es ist jedoch gewiß, daß schon das Gebet in sich ein Geschenk der Gnade ist, und es ist ganz falsch, wenn man sich einbildet, eine bloße Technik der Betrachtung, so trefflich sie auch sein mag, sei schon in der Lage, die Seele in unmittelbare Verbindung mit Gott zu versetzen oder gar auf die Höhen mystischer Ekstase zu führen.

Dasselbe gilt aber für jede mögliche Art des Gebetes. Selbst die Asketen des Ostens mußten diesen Vorwurf gegen ihr «Gebet zu Jesus» hören, und ihre Theologen mühten sich ab, zu zeigen, daß auch die hesychastischen Methoden keinen anderen Sinn haben als den, die Seele zu bereiten und einzustimmen.

Ebenso einfach wäre der Nachweis zu führen, daß auch nach Ignatius der Exerzitant sogar für seine geringsten Anstrengungen die Gnade Gottes erflehen muß, und daß es das entscheidende Anliegen der *Geistlichen Übungen* ist, dem Menschen beim Zusammenwirken seiner schwachen Natur mit der Gnade Gottes so zu helfen, daß er den höchsten Grad der Mitwirkung erreicht, der ihm möglich ist.

Dabei ist es sehr wichtig, zu verstehen, wie Ignatius diese Mitwirkung aufgefaßt hat. Zu diesem Zweck muß man gewisse Höhepunkte der Exerzitien sorgfältig untersuchen, an denen man sieht, wie der Meister des Gebets seinen Schüler ermuntert, sich mit aller Kraft der Mithilfe Gottes zu vergewissern. Bezeichnend für solche Höhepunkte ist die Formel: *bitten um das, was man will,* die sich im Exerzitienbuch häufig gerade am Anfang der Vorbereitungsgebete findet. So beginnt zum Beispiel die erste Betrachtung des ganzen Buches, die zum Thema die Menschwerdung hat, mit drei Vorübungen, von denen jede je eine der drei Seelenkräfte anspricht, entsprechend der herkömmlichen Einteilung: Die erste ruft die Tatsache ins *Gedächtnis,* daß die Dreifaltigkeit die Menschwerdung beschlossen hat; die zweite wendet sich an den *Verstand,* indem sie eine Anleitung für die Vorstellung des Ortes gibt; die dritte schließlich ist auf den *Willen* abgestimmt und läßt die ganze Vorbereitung in dem

Entschluß gipfeln, zu *bitten um das, was ich begehre*, das ist an dieser Stelle: *um eine tiefinnerliche Erkenntnis des Herrn, der für mich Mensch geworden ist.*

Diese Bitte hat aber eine vielfältige und verwickelte Struktur. Denn zuerst muß der Exerzitant wissen, *was er will*, und daher in einer freien Willensentscheidung ausschließen, was er im Augenblick nicht will, und seine ganze Aufmerksamkeit einer bestimmten Einzelheit zuwenden, die jetzt der Gegenstand seines bewußten Wollens sein soll, also etwa wie hier: die tiefinnerliche Erkenntnis des menschgewordenen Herrn. Doch das allein genügt noch nicht: Gott selbst muß dem Wollen auch Wirksamkeit verleihen; um dieses Geschenk aber muß man beten.

Die charakteristische Formulierung gibt uns vielleicht den wichtigsten Aufschluß über die Eigenart der ignatianischen Spiritualität. Wenn man sie nämlich genau durchdenkt, gilt sie für das ganze Christenleben, wie Ignatius es sieht.

Denn trotz der äußeren Ähnlichkeit im Satzbau hat diese Formel nichts gemeinsam mit den Worten, die etwa eine Mutter zu ihrem Kinde spricht: «Du kannst mich um alles bitten, was du willst.» «Das, was es will» heißt beim Kinde, daß es sich leiten läßt von seinen eigenen Launen, und ist darum gleichbedeutend mit «alles Beliebige».

Wenn aber Ignatius Gott bittet, ihm zu gewähren, was er — Ignatius — will, dann geht es um etwas ganz anderes.

Erstens will Ignatius von Anfang an genau das, was Gott selbst will, und er hat sich mit allen seinen Kräften bemüht, gerade die Absicht zu erkennen, die Gott mit ihm hat. Nachdem er sie aber erkannt hat, bleibt ihm noch die Aufgabe, von Gott die Bestätigung zu erbitten, durch die seinem menschlichen Wollen erst Wirksamkeit verliehen wird. Und diese Bestätigung ist genau das, was wir Gnade nennen.

Wenn man auch sagen kann, daß Ignatius ein Mann ist, der weiß und tut, was er will, so muß man doch diesen Worten ihren richtigen Sinn geben und darf nicht vergessen, daß Ignatius nur durch eine Askese, die ganz durchzogen war von echter Frömmigkeit und tiefer Demut, dahin gelangt ist, zu *wissen*, zu *wollen* und zu *tun*, was Gott von ihm erwartete.

Seine Askese war aber auch ganz erfüllt von der Liebe. Gerade das Vorbereitungsgebet der Betrachtung über die Menschwerdung, das mit den Worten beginnt: *Ich bitte um das, was ich will*, wird gekrönt von der Bitte um Erkenntnis *des Herrn, der für mich Mensch geworden ist, auf daß ich ihn immer mehr liebe und ihm nachfolge.*

Von hier aus gesehen, muß der Vorwurf unverständlich und in gewisser Hinsicht sogar tragisch erscheinen, den man so oft und so hartnäckig gegen die *Geistlichen Übungen* im besonderen und gegen die Lehre des Ignatius im allgemeinen vorbringt. Ich meine den Vorwurf, hier werde der menschlichen Natur zuviel zugetraut, hier zeige sich ein ungerechtfertigter Optimismus, während sich doch das

IHS

AD MAIOREM DEI GLORIAM

EXERCITIA
SPIRITVALIA
B. P. IGNATII
LOYOLAE.

ROMÆ, In Collegio Rom.
eiusdē Societat.
Anno Dni
MDCVI.

CVM FAC ... SVPER

Gespräch des Sünders mit Gott unter Furcht und Zittern vollziehen müsse, nicht aber in jener gefährlichen Überzeugung, man könne Gott durch gewisse Praktiken für den Anruf seines Geschöpfes empfänglich machen.

In Wirklichkeit verbirgt sich hinter diesem ganz theoretischen, ja, theologischen Vorwurf, der nur durch längere Ausführungen widerlegt werden kann, sehr oft eine andere Anklage: Indem man Ignatius beschuldigt, er vertraue zuviel auf die Natur, läßt man durchblicken, daß er sich wohl auch bei der Auswahl und Aufnahme seiner Jünger einzig und allein auf seine eigenen Fähigkeiten als geistlicher Führer verläßt.

Doch das entspricht keineswegs den historischen Tatsachen. Es ist sogar eine eigenartige Auf- und Abentwicklung in der Art und Weise zu beobachten, wie Ignatius selbst das Exerzitienbuch gebrauchte. In der ersten Zeit, als die Methode noch nicht voll ausgebildet war, gab Ignatius die *Geistlichen Übungen* ganz verschiedenartigen Menschen, darunter befanden sich in Alcalá auch Frauen. Später in Paris waren die Exerzitien, die auch damals noch nicht ihre endgültige Gestalt hatten, für ihn ein Seelsorgemittel unter anderen. Als er seine ersten Schüler gewann, gab er ihnen die *Geistlichen Übungen* mit kluger Unterscheidung und erst nach langem Zögern, selbst bei einem Mann wie Franz Xaver. Schließlich legte er sie in Rom auch solchen Leuten vor, an deren Aufnahme in die Gesellschaft Jesu er nicht im geringsten dachte, wie z. B. Dominikanern und Kardinälen. Damals ließ er sie auch durch andere geben, und es sind noch Urteile von ihm über die verschiedenen Wege erhalten, die seine ersten Schüler bei der Leitung ihrer Exerzitanten einschlugen. Offensichtlich war also das Exerzitienbuch, als es herauskam, keineswegs ausschließlich für junge Leute bestimmt, die noch nicht gebunden waren, oder für Geistliche, die man noch für die Gesellschaft Jesu werben konnte. Auch Christen, die bereits eine unveränderliche Wahl getroffen hatten, lud Ignatius ein, nach seiner Methode ihr Leben zu bessern.

Als die Methode später ausgebaut und ergänzt worden war durch die *Direktorien*, die im wesentlichen aus einer Einführung in die Einzelheiten der Exerzitien bestehen und eine Reihe von praktischen Winken enthalten, hat sie eine ständig größer werdende Zahl von Menschen angesprochen, die nach der Vollkommenheit strebten, so daß Ignatianische Exerzitien heute in zahlreichen Exerzitienhäusern gegeben werden, entweder in der ursprünglichen oder in der auf eine Woche oder einige Tage verkürzten Form.

Heute richtet sich die kritische Auseinandersetzung mit dem Exerzitienbuch nicht mehr, wie früher, auf seine konkreten Auswirkungen, sondern auf seine Bedeutung als wichtige Urkunde der Geschichte des geistlichen Lebens und als Zeugnis für die Eigenart des Ignatius sowie auf den eigentümlichen Einfluß, den es auf die Mystik ausgeübt hat. In jüngster Zeit war auch der theologische Gehalt der *Geistlichen Übungen* Gegenstand mancher Studien und Untersuchungen. Es konnte sogar die Behauptung ausgesprochen werden, die ignatianische «Wahl» nehme ähnlich wie die Heilige Schrift und die Überlieferung, wenn auch in einem weit bescheideneren Sinne, «einen Platz unter den Offenbarungen des Geistes ein, deren Wirkungen in der Kirche lebendig bleiben».[1]

In der Tat ist für einen Theologen, wie etwa auch für P. Karl Rahner, die von den *Geistlichen Übungen* aufgeworfene Frage ganz einfach die Frage nach dem Verhältnis zwischen dem einzelnen Menschen und dem unendlichen Gott oder, wenn man so sagen will, die Frage nach der Entstehung einer göttlichen Berufung. Genauer gesprochen ist es die Frage nach dem Eingreifen Gottes in die Berufsentscheidung oder — ganz allgemein — nach der Bedeutung der mystischen Erfahrungen als Bestätigung oder Beweis für den göttlichen Willen.

Andere kommen, wie G. Fessard[2], philosophisch an die *Geistlichen Übungen* heran und versuchen, die Dialektik zu klären, in der sich die freie Entscheidung des Willens vollzieht. Mit anderen Worten, sie stellen die Frage: Wie kommt der Übergang des Nicht-Seins zum Sein, der Sünde zur Gnade zustande? Oder wieder anders ausgedrückt: Wie wirken bei der freien Willensentscheidung des Menschen göttliches und menschliches Wollen zusammen?

Vielleicht gibt es aber noch eine andere Möglichkeit, dem Problem zu begegnen. Dabei könnte man sich etwa von den Gedanken des P. Jousse über die Anthropologie des Tuns (anthropologie du geste) anregen lassen und die *Geistlichen Übungen* gewissermaßen als Umsetzung eines «ganzheitlichen Tuns» in die Sprache menschlicher Worte betrachten, das von Ignatius selber vorgenommen wurde und wozu er die anderen in einer Art nachahmender Darstellung auffordert. Denn er hat als erster bemerkt, daß eine bestimmte, wohlgeordnete Folge einzelner Schritte und Übungen — man könnte von einer Dialektik sprechen, wenn das Wort nicht eine zu starke Intellektualisierung des ganzen Vorgangs mit sich brächte — von Tröstungen und Gnaden begleitet und gefördert wird, allerdings nicht ohne daß er sich zuvor die Gnade für das Gebet und die rechte Wahl erfleht hat. Dieses «Spiel», bei dem die Übernatur in der Seele des Ignatius der Natur begegnet ist und sie umgestaltet und erhöht hat, sollen die anderen nach seiner Weisung n a c h s p i e l e n. Wie diese Übungen zu dem Eingreifen Gottes geführt haben und ob sie bei den anderen Menschen die gleiche Wirkung erreichen, ist und bleibt ein Geheimnis. Ignatius selbst aber hat die Gewißheit, daß eine solche Wirkung möglich ist. — Dann steht also der Wille Gottes doch unter einem Zwang? Nein, er bleibt ohne Zweifel frei; aber er ist auch keine Willkür, und darum darf man sinnvoll annehmen,

---

1 O. Gaillard, «Le texte des Exercices Spirituels de saint Ignace». In: «Revue d'ascétique et de mystique» (April—Juni 1957, S. 233)

2 «La Dialectique des Exercices Spirituels de saint Ignace» in der Sammlung «Textes et études théologiques» (Louvain)

daß die Gnade sich für gewöhnlich in eine Seele senkt, die auf ihr Kommen vorbereitet ist. Davon ist Ignatius zutiefst überzeugt, und er befindet sich damit völlig auf dem Boden der kirchlichen Lehre.

An die von ihm gehaltenen Übungen, an dieses heilige Spiel der Seele und an die Ordnung des vorbereitenden Tuns erinnert er sich mit einer solchen Ehrfurcht, daß er sie mit der größten Gewissenhaftigkeit, und ohne etwas an ihrem Aufbau zu ändern, weitergibt. Freilich hat er sich nicht nach der traditionellen Einteilung gerichtet, die auf den Weg der Reinigung den Weg der Erleuchtung und schließlich den Weg der Einigung folgen läßt: dann hätte er es vorgezogen, die Exerzitien in drei Wochen anstatt in vier einzuteilen . . . Es könnte manchem vielleicht auch wünschenswert erscheinen, daß bei der Abfassung und Anordnung der kleinen Einzelvorschriften eine größere innere Folgerichtigkeit zu erkennen wäre. Doch Ignatius legt uns sein Werk mit einer geradezu entwaffnenden Unbefangenheit vor, so daß der Logiker, der darüber sprechen will, die Fassung verliert – genau wie ein Sportlehrer manchmal sprachlos die unerhörte Leistung eines außergewöhnlichen Wettkämpfers bewundert.

So ist es auch bei dem *Kämpfer Christi* Ignatius von Loyola. Er ruft seinen Schüler zu einem *Mimodrama* auf, wie P. Jousse sagen würde. (Das griechische Wort bedeutet ja *nachahmendes Tun.*) Doch gilt hier die wichtige Einschränkung, daß der entscheidende Vorgang, wie sehr er auch durch eine getreue Nachahmung vorbereitet ist, immer ein Wunder der Gnade bleibt.

Man könnte auch noch fragen, ob Ignatius nicht das ganze irdische Leben des Menschen überhaupt als ein Drama begreift, in dem der Mensch die Rolle zu spielen hat, die Gottes Plan ihm zuweist. Diesen Plan muß der Mensch erkennen, damit er sein Tun und Lassen nach dem vorgegebenen Bild so gestaltet, daß er sich der immerwährenden Schöpfungstat Gottes jederzeit anpaßt und sie nicht, soweit es auf ihn ankommt, durchkreuzt, daß also jeder Akt des großen Schauspiels richtig gespielt wird. Welche Freude wird es da für den Schauspieler sein, der den Autor anwesend weiß, wenn er in seinem Spiel dessen feinste Absichten verwirklicht und durch seine Treue und Liebe ganz eins wird mit der Person, die der Schöpfer ihm seit Anbeginn unverwechselbar vorgezeichnet und nach seinem eigenen Bild geformt hat, und die wir für ihn im Vollsinn des Wortes ständig w i e d e r g e b e n müssen bis zu dem Augenblick, da der Vorhang fällt und Gott selbst uns mit einem Glückwunsch umarmt, in dem unsere ganze Seligkeit besteht.

CONSTI=
TVTIONES SO=
CIETATIS
IESV.

Romæ, in ædibus Societatis IESV,
Anno 1559.

Nach seiner Wahl zum Ordensgeneral im April 1541 vergingen noch zehn Jahre, bis Ignatius Anfang 1551 die *Satzungen* in ihrer auch damals noch vorläufigen Gestalt veröffentlichte.

Wenn man sich näher mit der Entstehung dieses Textes beschäftigt, dann ist man nicht nur erstaunt über die lange Zeit, die er zu seiner Fertigstellung benötigte, sondern auch über die umständliche Methode, mit der man bei seiner Abfassung zu Werke ging. Es wäre falsch, zu glauben, Ignatius habe die Regel, deren Grundzüge er allein aufgestellt hatte, auf dieselbe Weise ausgearbeitet und verbindlich gemacht wie ein Feldherr, der seinen Soldaten einen Exerzierplan oder Manöverrichtlinien vorschreibt.

Das Regelwerk für die Gesellschaft Jesu war vielmehr seit dem Frühjahr 1539, also schon vor der Bestätigung des neuen Ordens «der reformierten Priester» durch den Papst, Gegenstand eingehender Beratungen. In der freien Zeit, die den Gefährten ihre apostolische Tätigkeit noch ließ, tauschten sie ihre Ansichten aus. Ignatius hatte ihnen empfohlen, sich von niemandem dabei beeinflussen zu lassen und einen Teil ihrer täglichen Betrachtung dem Nachdenken über die *Satzungen* zu widmen. Sie sollten aber während dieser Zeit in ihrem geistlichen Leben auch um völligen Gleichmut bestrebt sein, um gute Anregungen von oben zu empfangen.

Wir haben schon gesehen, mit welchem Mißtrauen der aus diesen Gesprächen entstandene Text, die *Formula instituti* vom Juni 1539, von der römischen Kurie aufgenommen wurde, und welche Schwierigkeiten der Ordensgründer durchstehen mußte, bis er am 27. September 1540 endlich die Bestätigung erhielt.

Aber die *Formula* war noch nicht die *Regel,* sondern höchstens ihr Vorläufer.

Im Frühjahr 1541 versammelten sich daher die in Rom weilenden Gefährten zu neuen Beratungen, an denen die auswärtigen Mitglieder brieflich teilnahmen. Ignatius, der inzwischen General geworden war, wertete die Erfahrungen seines neuen Amtes aus und legte 1545 eine Anzahl Einzelregeln vor. Jeder wichtige Punkt darin war mit angestrengten und beinahe ängstlichen Überlegungen erkauft. Das *Geistliche Tagebuch* enthält noch die Spuren der peinlichen Sorgfalt und Genauigkeit, mit der Ignatius jeweils um die Entscheidung bemüht war, die am besten dem Willen Gottes entsprach.

1547 bekam er in dem Spanier Juan Polanco einen wertvollen Mitarbeiter. Polanco wurde sein Sekretär, und Ignatius betraute ihn unter anderem mit der Aufgabe, die Regeln der alten Orden zu studieren und das Wichtigste daraus kurz zusammenzustellen. Trotz der anderen Verpflichtungen, die ihn immer mehr beanspruchten, und trotz seines schlechten Gesundheitszustandes verlegte sich nun Ignatius mit aller Kraft auf das begonnene Werk, so daß er den Professen, die er zum Jubiläumsjahr 1550 nach Rom zusammengerufen hatte, eine nahezu fertige Fassung vorlegen konnte. Sie wurde nach einer letzten Beratung angenommen; aber anstatt sie sofort durch einen Befehl in Kraft zu setzen, zog der General es vor, sie zuerst denen zur Kenntnis zu geben, die nach ihr leben sollten. Zu diesem Zweck schickte er 1552 Pater Hieronymus Nadal und später auch den jungen Pater de Ribadeneira zu allen in Europa zerstreuten Mitgliedern der Gesellschaft. Die beiden *missi dominici* besuchten die Häuser des Ordens in Sizilien, Italien, Deutschland, Österreich und Spanien mit dem Auftrag, dort die *Satzungen* bekanntzumachen, sowie Anregungen, Änderungsvorschläge und Kritik dazu entgegenzunehmen.

Als Ignatius 1556 starb, waren die *Satzungen* noch nicht offiziell veröffentlicht, aber alle Ordensmitglieder kannten sie bereits und hatten sie gebilligt.

Merkwürdigerweise hinterließ Ignatius keinen endgültigen Text, den man einfach hätte abdrucken können, so wie er war. Die Fassung, die man «Autograph» nennt, ist lediglich die letzte Bearbeitung der älteren Vorlagen. Sie stammt aus der Feder Polancos und wurde von den Generalkongregationen nach dem Tode des Ordensstifters in manchen Einzelheiten umgearbeitet. 1558 wurde eine lateinische Übersetzung herausgegeben, die schon vor dem Tode des Ignatius von Polanco begonnen worden war. Vom Jahre 1606 an erschien dann auch der spanische Urtext im Druck. Dem Text der *Satzungen* wurden noch «Erklärungen» und «Anmerkungen» hinzugefügt und für verbindlich erklärt. Die wichtigsten von ihnen gehen auf Nadal und Ribadeneira zurück.

Das Buch beginnt mit einem allgemein gehaltenen Hinweis auf das, *was man allen vorlegen soll, die um Aufnahme in die Gesellschaft bitten.* Es folgen dann die zehn Hauptteile, und zwar in umgekehrter Reihenfolge, als man erwarten sollte: Die Darlegung der Regeln beginnt gleichsam unten, d. h. bei der Aufnahme der Kandidaten, der Zurückweisung der Untauglichen und der Ausbildung der Aufgenommenen. Dann wird Schritt für Schritt der Aufbau des ganzen Ordens festgelegt. Die letzten Hauptstücke behandeln die Einigkeit der Mitglieder unter sich und mit ihrem Oberen, die Eigenschaften, die der Obere besitzen muß, die Art seiner Regierung und schließlich die Maßnahmen, die er anwenden muß, damit die ganze Gesellschaft im guten Geist verharrt.

Abgesehen von einigen wesentlichen Bestimmungen, sind die *Satzungen* kein Gesetzeswerk, an dem nichts mehr geändert werden darf; die Generalkongregationen haben vielmehr das Recht, sie den jeweiligen Zeitumständen anzupassen. Ignatius selbst hat diese Anpassung vorgesehen und im voraus gutgeheißen.

Die Umstände, unter denen der Text entstanden ist und veröffentlicht wurde, haben auch zu der Behauptung geführt, die *Satzungen* seien nicht das Werk des Ignatius, sondern das seiner Umgebung. Schon zu seinen Lebzeiten äußerten manche Patres derartige Vermutungen. Sie meinten, Polanco habe einen zu großen Einfluß dabei gehabt, und Ignatius selbst mußte diese Auffassung berichtigen. Übrigens hat er seinem Sekretär Goncalves da Cámara anvertraut, daß die *Satzungen* nicht nur sein eigenes Werk sind, sondern daß er auch bei ihrer Abfassung viele Offenbarungen bekommen hat.

Andere Gefährten meinten umgekehrt, Ignatius habe sie nicht genug gefragt und sei zu selbständig vorgegangen. So behauptete zum Beispiel Bobadilla, der General habe sich dabei als *padre e padrono absoluto* erwiesen.

Was ist davon nun wahr? Wir müssen auf jeden Fall daran festhalten, daß die *Satzungen* eine Gemeinschaftsarbeit sind und daß sie dennoch wirklich Ignatius zum Urheber haben. Denn die Mitarbeit seiner Gefährten konnte dem Werk keinen Geist einhauchen, der von dem seinen wesentlich verschieden war. Diese Männer lebten ja seit vielen Jahren in enger Ideengemeinschaft mit dem Mann, den sie als ihren geistigen Führer betrachteten. Sie hatten sich seiner Gesellschaft angeschlossen, nachdem sie sich in den Exerzitien von seinen Gedanken hatten erfüllen und bilden lassen. Sie konnten freilich zu Einzelheiten ihre persönliche Meinung äußern, wozu Ignatius sie ja aufgefordert hatte, und sogar Einwände gegen wesentliche Punkte vorbringen, wie etwa gegen den Grundsatz des unbedingten Gehorsams, den manche angriffen, weil sie davon eine Verminderung des Ordensnachwuchses befürchteten.

Dennoch wurde nach allen diesen Auseinandersetzungen eine Verfassung angenommen, die ignatianischem Geist entspricht, und der Nachweis wäre leicht zu führen, daß die *Satzungen* tatsächlich ihren Ursprung in den *Geistlichen Übungen* haben und nichts anderes sind als der Vorschlag einer Lebensform für diejenigen, die nach der zweiten Exerzitienwoche ihre Wahl vorgenommen haben.

Der Ordensgründer brauchte die Grundsätze, nach denen er sein persönliches Leben gestaltet hatte, nur in eine Regel für das Gemeinschaftsleben umzugießen. So wurden die *Satzungen* die Übersetzung und Übertragung — in der eigentlichen Bedeutung des Wortes — seiner ureigensten Erfahrung. Nachdem Ignatius für sich persönlich den Gehorsam gegenüber Gott in die Mitte seiner Mystik gestellt hatte, wollte er auch die Mitglieder seiner Gesellschaft, wenn schon nicht zu denselben außergewöhnlichen Erlebnissen, so doch wenigstens zu den Schätzen seiner eigenen Spiritualität hinführen. Obgleich er seine Mitbrüder nicht zu demselben Weg der außerordentlichen Prüfungen und Gnaden rief, den er selbst gegangen war, wies er sie dennoch in die durch sein eigenes Leben bereits vorgezeichnete Richtung: auch sie sollten das Opfer ihrer Freiheit in die Hände ihrer Oberen legen.

Von hier aus gesehen, erscheint die Behandlung einzelner Vorschriften der *Satzungen* weniger wichtig, wie aufschlußreich eine solche Erörterung auch wäre hinsichtlich der organisatorischen Begabung des Ignatius. Aber die Bestimmungen für die Verwaltung der Kollegien beispielsweise sind sicher weniger wichtig als der innere Geist, der alle Regeln und Vorschriften beseelt. Am schönsten wird dieser Geist im 1. Kapitel des 6. Teils beschrieben, das die Überschrift trägt: «Was den Gehorsam betrifft» (*De lo que toca a la obediencia*): *Alle sollen sich mit großer Sorgfalt um die Übung des Gehorsams bemühen und sich darin auszuzeichnen suchen, nicht nur in den Dingen, zu denen sie verpflichtet sind, sondern auch in den anderen, auch wenn der Obere seinen Willen ohne ausdrücklichen Befehl zu erkennen gibt. Sie sollen sich Gott, unseren Schöpfer und Herrn, vor Augen stellen, um dessentwillen wir einem Menschen gehorchen. Dabei sollen uns weder Furcht noch ein anderes ungeordnetes Gefühl leiten, sondern allein der Geist der Liebe. Wir müssen uns ausdauernd bemühen, in nichts hinter der Vollkommenheit zurückzubleiben, die wir mit Gottes Gnade erreichen können, bei der genauen Beobachtung der Satzungen und in der Erfüllung dessen, was die Eigenart unseres Ordens verlangt. Alle Kräfte sollen auf den Gehorsam ausgerichtet sein, vor allem gegenüber dem Papst, dann aber auch gegenüber den Oberen der Gesellschaft, so daß wir uns in allen Dingen, auf die sich der Gehorsam in Liebe erstrecken kann, auf ein Wort des Oberen hin, als komme es aus dem Munde Christi des Herrn, bereithalten und jede andere Beschäftigung verlassen, ja, selbst den schon angefangenen Buchstaben nicht mehr vollenden. Alle Gedanken und Anstrengungen im Herrn sollen darauf hinzielen, daß unser Gehorsam sowohl in der Ausführung als auch in unserem Willen und Verstande immer möglichst vollkommen sei, und wir sollen uns mit Ausdauer und innerer Freude den Aufgaben zuwenden, die uns aufgetragen werden. Jeder Befehl muß uns recht sein. Für unseren Teil sollen wir in einer Art blinden Gehorsams in allem, was nicht Sünde ist, unsere eigene Ansicht und jede andere Meinung vor dem Befehl des Oberen zurückstellen. Jeder soll davon überzeugt sein, daß alle, die unter dem Gehorsam leben, sich von der göttlichen Vorsehung durch die Vermittlung der Oberen leiten und führen lassen müssen, als wären sie ein Leichnam, der sich überallhin tragen und in jeder beliebigen Weise behandeln läßt, oder der Stab eines Greises, der sich überall und zu allem benutzen läßt. Denn so muß derjenige, der gehorsam ist, freudigen Herzens alles ausführen, was der Obere ihm zum allgemeinen Besten aufträgt. Dabei soll er die Überzeugung haben, daß er auf diese Weise mehr als durch irgend etwas anderes den eigenen Willen und das eigene Urteil dem göttlichen Willen gleichförmig macht.*

Daher soll allen die Ehrfurcht gegenüber dem Oberen, vor allem die innere, empfohlen werden. Sie sollen Jesus Christus in ihm sehen und ihn als ihren Vater in Christus lieben. Dann wird ihr inneres und äußeres Leben vor dem Oberen aufgeschlagen sein wie ein Buch, damit er sie um so besser im Geist der Liebe auf dem Weg des Heiles und der Heiligung führen kann.

In diesem Text begegnen uns zwei Vergleiche, die als so bezeichnend für die ignatianische Gehorsamslehre gelten, daß man ihre Erfindung gewöhnlich Ignatius selbst zuschreibt. Es handelt sich um die Wendungen *gehorchen wie ein Leichnam (perinde ac cadaver)* —

also den berühmten «Kadavergehorsam»! – und *gehorchen wie der Stab in der Hand eines Greises.* Tatsächlich aber findet sich der Vergleich mit dem Stabe bereits in den Werken vieler geistlicher Schriftsteller des Mittelalters. Aber auch das Bild des gefügigen Leichnams verdankt Ignatius dem heiligen Franz von Assisi, der es selbst wieder einer alten Überlieferung entnommen hat. Man hat sich gefragt, wo sie ihren Ursprung hat. Der eigentliche Vergleichspunkt, der dieser Formulierung zugrundeliegt, ist jedenfalls nicht die Erfahrung der Leichenstarre, die man gewöhnlich mit dem Gedanken an einen Toten verbindet, sondern vielmehr die andere Beobachtung, daß die Glieder eines Toten noch einige Zeit nach dem Tode geschmeidig und biegsam bleiben. Aus diesem Grunde hat man geglaubt, der Vergleich sei entweder in den mohammedanischen Bruderschaften der Leichenwäscher beheimatet oder, was wahrscheinlicher ist, in den ersten Mönchsgemeinden, deren Mitglieder mit sämtlichen zur Bestattung gehörenden Aufgaben vertraut waren.

Wie man an Hand zahlreicher Texte, vor allem des berühmten Gehorsamsbriefes an die portugiesischen Mitbrüder vom 1. Februar 1553, aufzeigen könnte, fordert Ignatius einen Gehorsam, der über die mechanische Ausführung eines Befehles weit hinausgeht. Der Untergebene soll den Befehl nicht nur lieben, sondern auch mit klarem Verstande verstehen und bejahen.

Kann aber ein Untergebener der Gefahr der Heuchelei entgehen, wenn er einen Befehl bejaht oder ihn ausführt, als ob er ihn bejaht, während er ihn in seinem Herzen für unpassend oder gar für schlecht hält?

Diesen Einwand hat Ignatius sicher vorausgesehen. Denn er hat ja selber die Schwierigkeit erlebt, wenn man nachgeben soll, obwohl man sich selbst im Recht weiß. Andererseits hat der große Lehrer des Gehorsams, so erstaunlich und widersprüchlich das auch klingt, anfänglich selbst unter Befehlen, die er erhielt, sehr gelitten und sich geweigert, gewisse Auflagen hinzunehmen, die er nicht für richtig hielt. Vielleicht haben gerade seine persönlichen Erfahrungen ihn veranlaßt, die Gehorsamsregel durch eine Vorschrift zu mildern, die man nicht übersehen darf: Wenn der Untergebene einen Befehl nicht gutheißen kann, hat er die Pflicht, dem Oberen seine Einwände in aller Ehrfurcht vorzutragen. Erst wenn auch dann noch Meinungsverschiedenheit besteht, gibt die Auffassung des Oberen den Ausschlag, und der Untergebene ist zur Aufgabe seines eigenen Urteils und zur Annahme des andern verpflichtet.

Es hieße jedoch den Geist der *Satzungen* und die eigentlichen Absichten des Ignatius verkennen, wollte man die damit gegebenen Schwierigkeiten zu verkleinern suchen. Selbst wenn der Obere im Zorn, aus Eigennutz oder gegen bessere Einsicht befiehlt oder überhaupt einen Befehl erteilt, der aus irgendeiner fehlerhaften Haltung kommt, muß der Untergebene, nachdem er alle nur möglichen Gegengründe geltend gemacht hat, gehorchen und den Ausgang vertrauensvoll dem Herrn überlassen.

Darin liegt gewiß ein großes Wagnis. Um es erträglicher zu machen, hat Ignatius mit großer Sorgfalt die Eigenschaften eines guten Oberen bestimmt. Sie werden im 2. Kapitel des 9. Teils aufgezählt, das den Titel trägt: «Wie der General beschaffen sein soll» (*Quel haya de ser el Preposito General*). Die wichtigsten sind die Verbundenheit mit Gott, der Geist der Selbstverleugnung und der Liebe, die taktvoll und doch fest ist, sowie die Klugheit, verbunden mit einem gesunden Urteilsvermögen.

Trotz dieser Vorsichtsmaßnahmen kann es vorkommen, daß der Untergebene nicht selten die ganze Schwere des Gehorsams erfährt.

Wir können die Antwort erraten, die Ignatius dafür hätte: In diesen Dingen darf man keinen rein menschlichen Maßstab anlegen und nicht glauben, daß Ordensleute, die sich in einer wohlüberlegten Entscheidung dem Herrn geweiht haben, ohne die Hilfe der Gnade bleiben. Außerdem sind die *Satzungen* der Gesellschaft Jesu vom Stellvertreter Christi bestätigt worden, wenn auch erst nach langen Verhandlungen, in denen jedoch die Gehorsamsregel keinerlei Schwierigkeiten geboten hatte. Unter diesen Umständen durfte Ignatius mit Recht glauben, daß Gott die kleine Herde, die sich zu seinem größeren Dienste zusammengefunden hatte, nicht verlassen und daß der Heilige Geist ergänzen wird, was den Oberen fehlt.

Aber selbst das Risiko, das im Ungehorsam der Untergebenen und in den Fehlern der Oberen liegt, wäre kein Grund gewesen, auf den Gehorsam zu verzichten. Denn die rechtzeitige Entlassung der Ungeeigneten kann die Möglichkeit von Versagern verringern, und der Zeitraum von ungefähr fünfzehn Jahren, der für die Ausbildung der Ordensmitglieder vorgesehen ist, bietet eine gewisse Sicherheit: Ein Mann, der so lange Zeit hindurch über seine künftigen Pflichten belehrt wird, ausharrt und schließlich die Gelübde ablegt, tritt in die Gesellschaft weder als Opfer einer Diktatur ein, vor der er sich dauernd schützen und sichern muß, noch als künftiger Diktator, vor dem man die anderen bewahren muß. Sondern er tut es als Priester in einem Akt des übernatürlichen Glaubens, und Ignatius verspricht ihm bei der Aufnahme, daß Gott diesen Glauben mit seiner Treue belohnen wird, wenn er selbst Gott die Treue hält.

Kurz vor seinem Tode wollte Ignatius auf das Drängen der Mitbrüder seinem Sekretär Gonçalves da Cámara seine Lebenserinnerungen diktieren. Dieser Biographie, die unter dem Titel *Der Bericht des Pilgers* veröffentlicht wurde, fügte Gonçalves da Cámara einige persönliche Bemerkungen hinzu. Darin berichtet er auch, wie der Ordensstifter ihm einmal ein dickes Bündel Schriften (*un fasce assai grosso di scritture*) gezeigt hat, die dieser nach seinen eigenen Worten verfaßt hatte, während er an den *Satzungen* arbeitete. Damals waren ihm zahlreiche Visionen zuteil geworden und er hatte alles niedergeschrieben, was in seiner Seele vorging. Gonçalves da Cámara bat, ihm die Blätter für einige Zeit zu überlassen, was Ignatius jedoch ablehnte. Es handelte sich um die eigenartige Schrift, die von der Überlieferung als *Geistliches Tagebuch* bezeichnet wird, in Wirklichkeit aber mit einem Tagebuch des inneren Lebens im gewöhnlichen Sinne nicht viel gemeinsam hat, soweit man nach dem Teil, der uns erhalten ist, urteilen kann. Die zwei Hefte von etwa je 25 Seiten umfassen die dreizehn Monate vom 2. Februar 1544 bis zum 13. März 1545. Der Rest, der sehr umfangreich gewesen sein muß, ist vernichtet.

Der Text, der sehr schwer zu entziffern und zu verstehen und noch schwerer zu übersetzen ist, hat den Erklärern immer wieder neue Rätsel aufgegeben. Er ist in einer Weise verfaßt, die sich jeder Beurteilung nach stilistischen Maßstäben entzieht. Denn der Stil ist schlecht, ja, es handelt sich eigentlich gar nicht um ein literarisches Werk. Diesen Umstand beschreibt P. Giuliani im Vorwort zu seiner Ausgabe sehr treffend, wenn er sagt, daß Ignatius diese Notizen bei ihrer Niederschrift von neuem «gebetet» hat. Es war in der Tat mehr ein Beten als ein Niederschreiben; es waren ja kostbare Gebetserinnerungen, in denen er beim späteren Nachlesen das Feuer der Anregungen wiederzufinden hoffte, das Gott selbst in ihm entzündet hatte.

Die von Ignatius während jener Zeit empfangenen Anregungen, von der das uns erhaltene Bruchstück des Tagebuches Zeugnis ablegt, wurden, wenn man so sagen darf, nicht um ihrer selbst willen gegeben, sondern sie sollten Ignatius bei seinen Plänen ermutigen und bestärken. Sie gaben ihm jedenfalls die Überzeugung, daß er seine Entscheidungen im Einklang mit dem göttlichen Willen gefällt hatte, nachdem er lange von der wichtigen Frage gequält worden war, ob die der Gesellschaft anvertrauten Kirchen Güter und Einkünfte besitzen oder ebenso wie die einzelnen Ordensmitglieder der strengen Armutsregel unterworfen sein sollten. Ignatius hat sich schließlich für das letztere entschieden.

Die einzelnen Schritte dieser qualvollen «Wahl» bilden fast ausschließlich den Inhalt des ersten uns erhaltenen Heftes, während das zweite weit knappere und nicht selten nur andeutende Bemerkungen enthält, die sich nicht mehr auf ein inneres Ringen, sondern auf die täglichen außergewöhnlichen Gnaden beziehen. Es gibt kaum etwas

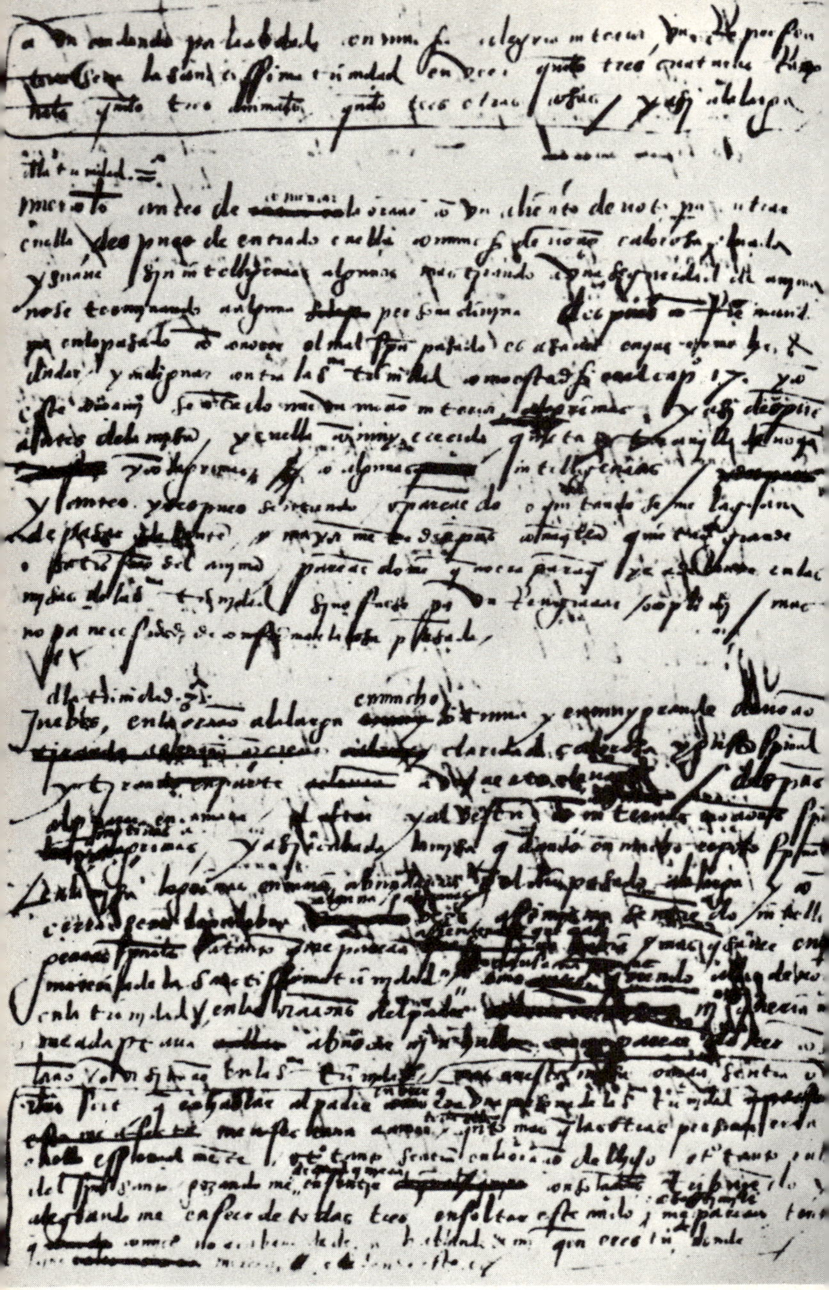

Bewegenderes und Eindrucksvolleres als diese Aufstellung der täglich vor, während und nach dem Meßopfer vergossenen Tränen, der Tröstungen, Liebeserweise und *loquelas.* Dieses spanische Wort bringt die Erklärer wegen seiner Unbestimmtheit in Verlegenheit; möglicherweise handelt es sich um «Stimmen», die Ignatius hörte. Manchmal liest man auch, wie am Sonntag, dem 10. August: *No me acuerdo (Ich erinnere mich nicht mehr)*; und man hört aus dem kurzen Satz so etwas wie Enttäuschung heraus.

Die Stelle aus dem ersten Heft, die wir hier in Übersetzung folgen lassen, wurde deshalb ausgewählt, weil sie eine Reihe bezeichnender Anspielungen auf den Alltag des Ignatius zu jener Zeit enthält:

Samstag (23. Februar). Messe von der Dreifaltigkeit. Im gewohnten Gebet konnte ich am Anfang keinen geistlichen Schwung finden; aber von der Mitte an ziemliche Andacht und Befriedigung der Seele, auch zeigte sich mir einige lichte Klarheit.

Beim Herrichten des Altares mußte ich an Jesus denken, und es drängte mich, ihm zu folgen. Mir schien innerlich: daß er das Haupt der Gesellschaft ist, sei ein stärkerer Grund dafür, in aller Armut zu gehen, als alle anderen menschlichen Gründe. Doch schien mir, daß auch alle anderen Gründe, die ich in der Wahl durchgegangen war, für die gleiche Seite ins Feld zogen. Dieser Gedanke drängte mich zu Andacht und zu Tränen und zu einer solchen Festigkeit, daß mir schien, auch wenn ich in der heutigen oder in den weiteren Messen usw. keine Tränen mehr finden sollte, daß das, was ich da verspürte, hinreicht, um zur Zeit von Versuchungen oder Anfechtungen frei zu bleiben.

Wie ich mit diesen Gedanken ging, und auch als ich die Gewänder anlegte, nahmen sie immer noch mehr zu, und sie schienen eine Bestätigung, auch wenn ich keine Tröstungen mehr darüber empfangen sollte. Es schien mir irgendwie von der Heiligsten Dreifaltigkeit zu kommen, daß sich mir Jesus zeigte oder ich ihn verspüren konnte, und es kam mir die Stunde in Erinnerung, als mich der Vater dem Sohn zugesellte. (Ignatius denkt hier an die Vision von La Storta, die ihm schon vor seiner Ankunft in Rom die feste Gewißheit gab, daß Gott sein Vorhaben im voraus gutheiße.)

Als ich mit dem Anlegen der Gewänder fertig wurde, kamen mir mit neuer Kraft Tränen und Schluchzen, weil sich mir mit solcher Innigkeit der Name Jesu einprägte und ich so sehr gestärkt war oder für weiterhin bestätigt schien.

Zu Beginn der Messe viel Gnadenbeistand und Andacht und ruhige und ständige Tränen. Auch nach Beendigung der Messe verblieb mir eine große Andacht und Regungen zu Tränen bis zum Ablegen der Gewänder. Während der Messe verspürte ich verschiedenes zur Bestätigung des Gesagten.

Donnerstag (21. Februar): Messe von der Dreifaltigkeit
(Handschrift des «Geistlichen Tagebuches»)

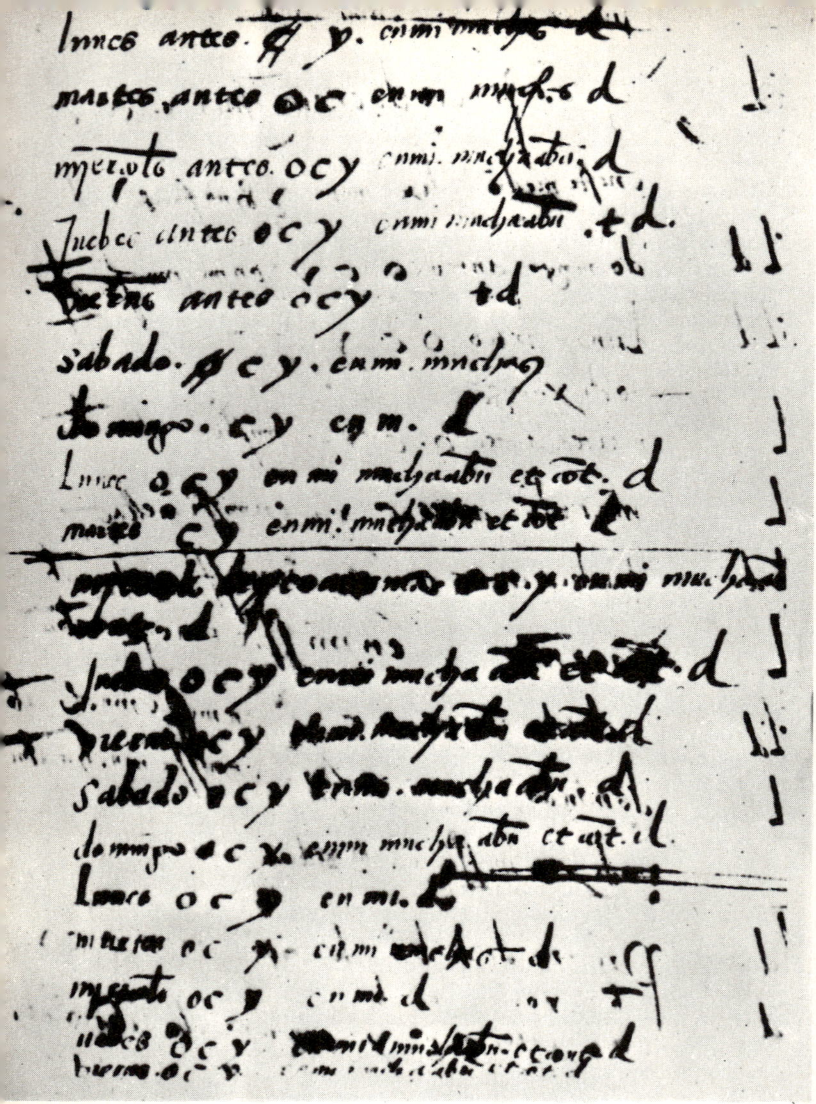

Die letzte Seite des «Geistlichen Tagebuches»

Als ich das Sakrament in den Händen hielt, da kam mir von innen ein Sprechen und ein inniges Drängen, daß ich ihn niemals für den ganzen Himmel oder für die Welt oder usw. verlassen wollte, und ich verspürte neue Regungen, Andacht und geistliche Freude . . .

Sonntag (24. Februar). Messe vom Tage. Im gewohnten Gebet von Anfang bis Ende einschließlich Beistand von innerer und sanfter Gnade voll warmer und sehr süßer Andacht.

Beim Herrichten des Altares und der Gewänder stand mir der Name Jesu vor Augen; dabei viel Liebe Bestätigung und der starke Wille, ihm zu folgen, auch Tränen und Schluchzen.

In der ganzen Messe ständig sehr große Andacht und viele Tränen, und ziemlich häufig verlor ich die Sprache. Alle Andacht und alles Verspüren richteten sich dabei auf Jesus, und ich konnte sie nicht den anderen Personen zuwenden, höchstens insofern die erste Person Vater dieses Sohnes war. Darauf dann immer wieder die geistliche Erwiderung: «Auf welche Weise Vater! Und auf welche Weise Sohn!» (Hier schreibt Ignatius am Rand: *Bestätigung durch Jesus.) Nach Beendigung der Messe beim Gebet dasselbe Verspüren des Sohnes. Nun hatte ich aber die Bestätigung durch die Heiligste Dreifaltigkeit ersehnt und verspürte gleichsam, daß sie mir durch Jesus mitgeteilt wurde; denn er zeigte sich mir und gab mir ganz große innere Kraft und Sicherheit über die Bestätigung, so daß ich die Zukunft nicht mehr zu fürchten brauchte. So kam es mir in den Sinn, und ich bat Jesus, mir von der Heiligsten Dreifaltigkeit Verzeihung zu erlangen; dabei starke Andacht, Tränen und Schluchzen. Ich hatte die Hoffnung, die Gnade zu erlangen, und fand mich ganz kraftvoll und bestätigt für die Zukunft. Danach beim Kamin steht mir von neuem Jesus vor Augen, und ich hatte viel Andacht und Regung zu Tränen.*

Als ich danach auf der Straße ging, stand mir Jesus vor Augen, und ich hatte heftige Regungen und Tränen . . .

Der Text des *Geistlichen Tagebuches* bricht am Freitag, dem 27. Februar 1545, mit folgender Aufzeichnung ab:

o c y en misa mucha abundancia et continuadas; despues.

Das heißt: *(Im) G(ebet auf dem) Z(immer und in der) K(irche) und während der Messe eine große Fülle, ununterbrochen. Auch danach.*

Dann herrscht Schweigen. Uns aber ergeht es wie bei einem Gespräch, zu dem wir nicht eingeladen waren: Wir haben durch die zufällig offene Tür ein Stück der Unterhaltung mitgehört. Doch nachdem die Tür sich wieder geschlossen hat, werden wir niemals genau erfahren, was die Worte, die wir gehört haben, bedeuten und wie das geheimnisvolle Gespräch weiterging.

Im Jahre 1950 erschien in Löwen ein sehr interessantes Werk mit dem Titel «Synopsis historiae Societatis Jesu», das in Tabellenform einen Überblick gibt über die wichtigsten Ereignisse aus der Geschichte der Gesellschaft Jesu seit ihrer Gründung.

Schon beim ersten Durchblättern dieses Buches bemerkt man, daß die Geschichte des Ordens sich nicht, wie man glauben möchte, in der Aufzählung seiner Kämpfe mit der Sorbonne, mit Pascal und den Anhängern Voltaires, mit Guizot oder den Laizisten der Gegenwart erschöpft. Sondern diese Geschichte geht über den verhältnismäßig engen Rahmen der Ereignisse in einem einzigen Lande hinaus.

Die «Synopse» verteilt die wichtigen Ereignisse auf fünf Spalten mit den Überschriften: Italien und Frankreich – Spanien und Portugal – Deutschland und Belgien – England und Polen – Auswärtige Missionen.

Bereits der erste Blick auf die synoptischen Tafeln verrät uns, daß das Leben der Gesellschaft Jesu nicht, wie man meinen könnte, durch Verbote und Austreibungen bestimmt war, wie häufig solche Vorkommnisse auch in ihrer vierhundertjährigen Geschichte gewesen sein mögen. Denn jedesmal, wenn die Jesuiten irgendwo vertrieben waren, gründeten sie anderswo neue Niederlassungen. Die bewegten und manchmal sogar dramatischen Ereignisse stehen an wirklicher Bedeutung solchen unscheinbaren Unternehmungen, wie es etwa die Gründung eines Kollegs oder die Errichtung einer Mission sind, bei weitem nach. Sie werden darum von der «Synopse» mit der gleichen Nüchternheit wie jene verzeichnet.

Selbst die Aufhebung des Ordens im Jahre 1773 erscheint in der langen Reihe seiner Werke und Gründungen als eine Episode neben anderen, die sich höchstens dadurch auszeichnet, daß sie immerhin etwa vierzig Jahre gedauert hat. Um genauer zu sprechen: auch dabei handelte es sich um kein völliges Aufhören; denn nicht nur in Weißrußland und Schlesien bestanden damals Gruppen des Ordens weiter, sondern auch in Frankreich und Italien fanden sich zahlreiche Jesuiten zu neuen Gemeinschaften, wie z. B. der Gesellschaft der Väter des Glaubens, zusammen. Als die Gesellschaft Jesu 1814 wiederhergestellt wurde, lebten noch einige Mitglieder der alten Gesellschaft, so daß man mit einem gewissen Recht von einem echten Weiterbestehen sprechen kann.

Aber auch wenn man die Geschichte des Jesuitenordens nicht in ununterbrochener Folge von 1540 bis heute darstellen und in ihr nicht das getreue Spiegelbild der gesamten kirchengeschichtlichen Entwicklung sehen könnte, so gäbe es doch keinen Grund, diese Gemeinschaft von Priestern, deren Gesamtzahl 200 000 übersteigt, nur als einen Teil der Kirche zu betrachten, der am Rande der katholischen Weltkirche sein eigenes Leben geführt hat. Noch weniger aber darf man in diesem Teil eine kleine Sonderkirche sehen, die mutiger, geschickter und rücksichtsloser als die «Großkirche» ihre

SOCIETATIS IESV INITIA PROGRESSVS ET VIRI ILLVSTRES
A SOLIS ORTV VSQVE AD OCCASVM LAVDABILE NOMEN DOMINI
IN OMNEM TERRAM EXIVIT SONVS EORVM
ITALIA
HISPANIA
EGO AVTEM SICVT OLIVA FRVCTIFERA IN DOMO DEI

eigene Politik verfolgt habe und dadurch zuweilen in Gegensatz zur Politik Roms geraten sei, so daß ihr schließlich die Anerkennung entzogen und die Aufhebung über sie verhängt wurde.

In Wirklichkeit war die Gesellschaft Jesu immer ein integrierender Bestandteil der Kirche, der allerdings mit innerer Notwendigkeit, wenn nicht sogar aus höherer Berufung, gewissen Gefahren ausgesetzt war, von denen die größte darin bestand, die eigene Selbständigkeit zu verlieren und in der Masse aufzugehen.

Schließlich entsprach die Eigenart des Ordens, wie sie von Ignatius geprägt war, mit den ihm eigentümlichen geistigen und geistlichen Voraussetzungen ganz bestimmten Aufgaben, denen sie durch ebenso bestimmte und charakteristische Formen des christlichen Apostolats nachzukommen suchte und immer nachkommen wird, so lange die Kirche besteht. Dennoch rechnete Ignatius selber mit der Möglichkeit einer Aufhebung. Als er einmal gefragt wurde, was für ihn die schwerste Prüfung wäre, antwortete er ohne Zögern: *die Auflösung der Gesellschaft*. Aber er fügte sofort hinzu, er werde auch dann nur eine Viertelstunde des Gebetes brauchen, um seinen Kummer zu verwinden.

Geschichtliche Bedrohtheit und Anlage auf die Ewigkeit gehören gerade in ihrem Gegensatz zur Eigenart dieses Ordens, der sehr wohl weiß, daß ein Orden nicht die Kirche ist, auch wenn die Kirche zweifellos in ihm ihre besten Diener findet, und wenn andererseits, was auch nicht geleugnet werden kann, eine Verfolgung der Jesuiten niemals das Zeichen oder gar das Unterpfand für die Blüte und die Kraft der katholischen Sache ist.

Obgleich die Spalten der «Synopse» uns einen Begriff von der stetigen Entwicklung der Gesellschaft im Laufe der Zeit vermitteln können, so erlauben sie doch dem Historiker auch eine Einteilung in geschichtliche Perioden. Zweimal werden die Spalten von einer Zwischenüberschrift unterbrochen. Gleich am Anfang lesen wir: «Incrementa interna et externa Societatis 1556 — 1750» (Inneres und äußeres Wachsen der Gesellschaft). Bis zur Mitte des 18. Jahrhunderts haben die Jesuiten in der Tat ihren Wirkungskreis immer weiter ausgedehnt, vor allem durch zahlreiche Kollegsgründungen. Die berühmte, von dem General Aquaviva 1599 herausgegebene *Ratio studiorum* (Studienordnung) blieb in den beiden nächsten Jahrhunderten maßgebend für das höhere Schulwesen.

Im gleichen Zeitraum dehnten die Jesuiten das Netz ihrer Missionen auf die ganze damals bekannte Welt aus, namentlich in China sowie in Nord- und Südamerika. Dazu kommt noch, daß ihr allgemeiner Einfluß, den manche gerne als «politisch» bezeichnen, immer größer wurde, weil sich bei fast allen katholischen Fürsten in Europa der Brauch eingebürgert hatte, ihre Beichtväter aus den Mitgliedern der Gesellschaft Jesu zu wählen.

Nicht ohne Grund überschreibt die «Synopse» den zweiten Teil ihrer Tabellen mit den Worten «Periodus suppressionis» und läßt die «Zeit der Unterdrückung» bereits mit dem Jahre 1750 beginnen. Um die Mitte des 18. Jahrhunderts nahm die Bedrohung tatsächlich schärfere Formen an. Vor allem in Frankreich

Das Schicksal der Bulle «Unigenitus» (jansenistische Karikatur gegen Klemens XI. und die Jesuiten

«... Schurken, Verräter, Verbrecher, Barbaren, Verführer, Verschwörer und Volksaufwiegler ...»

sahen sich die Jesuiten einer geschlossenen Front der verschiedenartigsten Gegner gegenüber. Zu ihnen gehörten die Jansenisten, die den Jesuiten immer noch die Schuld an der Bulle *Unigenitus* vorwarfen, obwohl Klemens XI., der diese Bulle 1713 veröffentlichte, im sogenannten «Ritenstreit» gegen den Orden Partei ergriffen hatte. Die Gallikaner, die für die Selbständigkeit und Unabhängigkeit der französischen Kirche eintraten, befeindeten die Jesuiten wegen ihrer internationalen Einstellung und mehr noch wegen ihrer vorbehaltlosen Bindung an den Papst. Diesen beiden so verschiedenen Parteien gehörten oft dieselben Leute als Mitglieder an. Ferner zählten die Jesuiten auch die Gegner der Religion im allgemeinen und der katholischen Kirche im besonderen zu ihren Feinden. In dieser buntscheckigen Gruppe fanden sich Seite an Seite Protestanten, Freimaurer und Philosophen. Gerade auf philosophischem Gebiete schienen die Jesuiten kaum dem Kampfe gewachsen, da ihre Lehre sich immer mehr auf eine ganz bestimmte Form der Neuscholastik festgelegt hatte und der Humanismus, von dem ihre Art zu philosophieren entscheidend mitgeprägt war, wenig Neigung zeigte, sich den neuen Gedanken anzupassen. Nicht zuletzt erregten auch der äußere Wohlstand des Ordens und die große Zahl seiner Kollegien Besorgnis und Eifersucht, während der offene oder geheime Einfluß mancher seiner Mitglieder die Politiker beunruhigen mußte. Indessen erließen die Ordensgeneräle immer wieder strenge Mahnungen, so z. B. P. Vitelleschi, der den Jesuiten den Eintritt in den Kronrat der deutschen Fürsten streng verbot, oder P. Oliva, der den Beichtvater Pedros II. scharf tadelte, weil er Mitglied der Cortes geworden war.

Aber der Sturm brach nicht zuerst in Frankreich los, sondern in Portugal, als dort die Verfolgungen unter Sebastian de Carvalho, dem Marquis de Pombal und Minister Josephs I., begannen.

Dieser Edelmann, der als Philosoph ein Anhänger der Aufklärung war und gleichzeitig nach autoritärer Machtvollkommenheit strebte, entfesselte sehr geschickt einen Pressefeldzug, wie wir heute sagen würden, indem er eine Anzahl Schriften, vor allem aber einen angeblichen «Bericht» über die Jesuitenrepublik in Paraguay in viele Sprachen übersetzen und verbreiten ließ. Die Folge war, daß die Gesellschaft Jesu 1759 in Portugal verboten und ihre Mitglieder in den Kirchenstaat abgeschoben wurden. Ein ähnlicher Vorgang spielte sich 1767 in Spanien ab, wo der Minister d'Aranda, ebenfalls ein Philosoph der Aufklärung und außerdem ein Freund Voltaires, bei Karl III. einen Aufhebungserlaß erwirkte, der zunächst geheimgehalten, dann aber plötzlich an einem frühen Morgen zwischen Nacht und Nebel in die Tat umgesetzt wurde. Auch diesmal wollte man die Jesuiten in den Kirchenstaat schaffen; doch Klemens XIII., der diese unfreundliche Geste als persönliche Beleidigung betrachtete, untersagte den spanischen Schiffen die Landung in Cività Vecchia, so daß sie Korsika anlaufen mußten. Aber auch Frankreich duldete die Flüchtlinge nicht lange auf seinem Boden. Wiederum ausgewiesen, kamen sie endlich nach Rom, und zwar zur selben Zeit, wie ihre aus Parma und den Beiden Sizilien vertriebenen Mitbrüder.

Kurz vorher war der Orden auch in Frankreich aufgelöst worden. Den Anlaß hierzu hatte der Bankrott des Jesuitenpaters Lavalette im Jahre 1760 geboten. Wäre der damalige Provinzial ein geschickterer Mann gewesen, so hätte er sogleich die Schulden dieses Freibeuters im geistlichen Gewande beglichen, der sich auf den Antillen eine Handelsfirma aufgebaut hatte und als Gewürz- und Zuckerkönig nicht davor zurückschreckte, in der Verkleidung eines Seeräubers die Eingeborenen einzufangen, die er als Arbeiter auf seinen Pflanzungen benötigte. Diese Angelegenheit lieferte, obwohl sie strafrechtlich bereits erledigt war, den Gegnern einen willkommenen Vorwand. Ohne Not und triftigen Anlaß beanspruchten die Mitglieder des Parlaments das Recht, die Ordenssatzungen zu prüfen und auf ihre Übereinstimmung mit den staatlichen Gesetzen zu untersuchen.

Abermals ging man zu einem Angriff mit Streitschriften über, und die Front der Gegner erhielt eine mächtige Helferin in der Person der Marquise de Pompadour, die wegen der unbeirrbaren Festigkeit ihrer Beichtväter aus dem Jesuitenorden ungehalten war. Auf dem Höhepunkt dieser Umtriebe verbot Ludwig XV. den Orden in Frankreich, aber erst nachdem er manche Ausflüchte unternommen und einige Änderungen in den Satzungen zu erreichen versucht hatte. Bei dieser Gelegenheit wurde das berühmte Wort gesprochen: «Sint, ut sunt, aut non sint. Sie (die Satzungen) sollen sein, wie sie sind, oder überhaupt nicht sein.» Das Wort wird meistens dem Jesuitengeneral zugeschrieben, es stammt jedoch von Klemens XIII.

Als dieser Papst 1769 gestorben war, gab sein Nachfolger Klemens XIV. dem Druck der «allerchristlichsten» Könige aus dem Hause Bourbon nach und hob am 21. Juli 1773 durch das Breve *Dominus ac Redemptor* die Gesellschaft Jesu auf, die damals in 39 Provinzen und fast 1600 Häusern ungefähr 23 000 Mitglieder zählte.

In Preußen und Rußland mußten die Bischöfe, die mit der Weitergabe des päpstlichen Befehls an die Jesuiten betraut waren, dazu die Erlaubnis ihrer Landesherren einholen. Friedrich II. und Katharina II. zeigten sich jedoch nicht gewillt, die Schließung der Jesuitenkollegien in ihren Ländern zuzulassen, und versagten den Bischöfen diese Erlaubnis. So kam es, daß die Gesellschaft Jesu ihren partiellen Fortbestand einem protestantischen König und einer orthodoxen Zarin verdankte.

Der dritte Teil der «Synopse» mit der Überschrift «Societas Jesu restituta» datiert diese «Wiederherstellung» auf das Jahr 1814, in dem Pius VII. die Bulle *Sollicitudo omnium ecclesiarum* veröffentlichte. Sofort nahm der Orden wieder viele Mitglieder auf, eröffnete Kollegien und gründete Missionen. Aber wie vorher, so gab es auch jetzt für sie dunkle Tage. Von 1814 bis 1900 erlebte sie in den verschiedensten Ländern der Erde nicht weniger als zwanzig Verfolgungen, von denen die meisten zu einer völligen Vertreibung führten. Es ist hier nicht der Ort, diese Leiden im einzelnen aufzuzählen und auf ihre Ursachen einzugehen. Ebenso schwierig wie sinnlos ist auch die Untersuchung, warum die anderen Ordensgemeinschaften von den Gegnern der Kirche eine Schonung erfuhren, die den Jesuiten nicht zuteil wurde. Die einfachste Erklärung liegt darin, daß die Gesellschaft Jesu als internationale Gemeinschaft den Haß derer erregte, die sie für einen Geheimbund von lange geprüften Mitgliedern hielten und ihr deswegen eine große Macht und Bedeutung beimaßen. Alles deutet darauf hin, daß sie stets zuerst die Feindschaft der Kirchengegner auf sich gezogen hat, die freilich nach einem Sieg über den Orden auch die übrige Kirche kaum verschont hätten.

Es wäre nicht schwer, zu zeigen, wie die Gesellschaft in ihrer vierhundertjährigen Geschichte dem Geist ihres Gründers treu geblieben ist, und gerade diese Treue kann einen großen Teil der Leiden erklären, die sie durchgemacht hat. Da jedoch der Raum für eine solche Darlegung zu klein ist, begnügen wir uns mit einigen wenigen, aber bezeichnenden Beispielen.

Die drei Beispiele, die wir bringen, sind nicht zufällig ausgewählt. Sie stammen erstens aus einer Zeit, in der neue grundlegende Entscheidungen über wichtige Fragen innerhalb der Kirche noch möglich waren. In einer solchen Situation, wo die Wahl noch ganz offen ist, muß die Untersuchung der Gründe, die dazu führten, ja besonders aufschlußreich und fruchtbar sein. Dabei werden wir sehen, wie die Jesuiten, getrieben durch die innere Logik ihrer Spiritualität, bei drei Gelegenheiten eine bestimmte Richtung eingeschlagen haben. Wir werden uns nicht der Einsicht in eine Art innerer Notwendigkeit, ja, eines Zwanges, der aus letzten Tiefen kommt, verschließen können, wenn wir im einzelnen fragen, wie die Gesellschaft sich in drei großen Wagnissen verhalten hat, die sie damals auf sich nahm. Wir werden weiter feststellen, daß die drei von uns ausgewählten Beispiele noch aus einem zweiten, nicht minder interessanten Grunde sehr wichtig sind: in ihnen hat sich nämlich die Gesellschaft dreimal für einen Weg entschieden, der sich für sie als nicht ungefährlich erweisen sollte.

Hier werden die drei Entscheidungen, die zunächst in sich selbst einer Erklärung bedürfen, zu einem neuen Erkenntnisprinzip; denn sie erklären bis zu einem gewissen Grade die Katastrophe von 1773. Gerade bei diesem Ereignis muß nämlich festgehalten werden, daß der entscheidende Schlag von Rom ausging, obgleich der Papst selbst gegenüber den einflußreichen Kräften eine zögernde Haltung einnahm.

Die erste Episode, die wir schildern, die Reduktionen in Paraguay, führte zu einer tiefen Verbitterung Spaniens und Portugals gegen die Gesellschaft Jesu. Der Jansenistenstreit, von dem an zweiter Stelle zu sprechen ist, brachte dem Orden den nachhaltigen Groll der Jansenisten ein, die auch nach der Verurteilung ihrer Lehren durch die Bulle *Unigenitus* noch sehr mächtig waren. Die Frage der chinesischen Riten schließlich erregte die Gemüter in römischen Kreisen, die erproben wollten, ob die Gesellschaft Jesu noch zu gehorchen verstand.

Diese Erklärung erscheint vielleicht unvollständig; man könnte noch andere Ursachen anführen und vor allem auf die Ungeschicklichkeit und die taktischen Fehler der Jesuiten selbst hinweisen. Sie, die von vielen so gerne als besonders gewandt hingestellt werden, haben sich in der Tat sehr schlecht verteidigt und es nicht verstanden, dem Unheil auszuweichen.

Das alles ist wahr; aber einen Fehler haben sie jedenfalls nicht begangen: sie sind niemals von ihrer Linie abgewichen.

IHS
LE PARAGUA
où les R.R. PP. de la Compagnie de JE
ont répandu leurs MISSIONS
PAR LE S.r D'ANVILLE
Geographe ord.re du Roi
Octobre 1733.
Lieues Espagnoles
10 20 30 40 50 60 70
Lieues Germaniques
10 20 30 40 50 60
Lieues Françoises
10 20 30 40 50 60 70 80 90 100
Dans la composition de cette Carte, il a paru a l'auteu
que ce qu'elle renferme de pays étoit trop étendu
entre l'Orient et l'Occident dans les Cartes précédent
Ainsi a mesurer l'intervale d'une Mer a l'autre
de S.t Vincent a Arica, on trouvera environ 120 deux
Lieues Françoises de moins que dans celles de
et 400 Lieues ou environ de moins que dans celles
Sur la distance de Buenos ayres a la Côte de la Mer
la différence est de 80 Lieues, ou de 260 ou environ.
On auroit voulu pouvoir doner plus de grandeur a
pour mettre un peu plus au large des details
qui ne sont point ailleurs.
Zamucos
Lenguas
Yavas
Guaycurus
Zapitalaguas
Guanaleas
Palomos
Orejones
Frentones
Yuanes
Abipones
Charuas
Yaros
Anciens Charuas
Ibituruna
Patos
Guarayos
Laguna de los Xarayes
Lago Maniore
Salinas
Pilcomayo
R. Paraguay
R. Parana
Uruguay
l'Assomption
Corrientes
Santa Fe
Buenos ayres
Monte Video
Maldonado
Castillos
C. S.te Marie
I. de Lobos
Banc François
C. S.t Antoine
Mar Manso ou Mer Tranquile
Toute cette Côte depend du Bresil
RIO DE LA PLATA

Das Schauspiel «Das heilige Experiment» des österreichischen Dramatikers Fritz Hochwälder, das vor einigen Jahren mit großem Erfolg über die europäischen Bühnen ging, lenkte die Aufmerksamkeit des Publikums auf eine der seltsamsten und tragischsten Episoden aus der Pionierzeit der Jesuitenmission. Das Stück wirft zahlreiche Probleme auf, von denen manche zwar weit über die Fassungskraft der meisten Zuschauer hinausgehen, aber nichtsdestoweniger die Beachtung der Theologen verdienen; die Dramenhandlung — vor allem im letzten Akt — entspricht nicht der historischen Wahrheit. Außerdem wird der Gehorsam der Jesuiten in einer Weise dargestellt, die höchstens eine mit Schaudern gemischte Bewunderung hervorrufen kann und nichts mehr mit der Wirklichkeit gemeinsam hat.

Dennoch verdienen die Reduktionen in Paraguay als geschichtliche Tatsache eine genauere Besprechung, weil sie schon in sich ein Drama sind.

Am Anfang des 17. Jahrhunderts beherrschten die Spanier und Portugiesen die Neue Welt und beuteten sie aus mit dem System der *encomienda*, d. h. der kolonialen Sklavenhalterei, wenn man die Dinge bei ihrem richtigen Namen nennen will. Die eingeborene Bevölkerung mußte ihre Abgaben in der Form des Frondienstes leisten. Man kann sich die Mißbräuche vorstellen, die ein derartiges System mit sich brachte. Denn obwohl alles von der Zentralregierung mit einem beachtlichen Maß an Menschlichkeit geregelt war, kümmerte sich kein Mensch um die Beobachtung der Vorschriften.

Der Ordens- und Weltklerus setzte sich zwar nach Kräften für die Indianer ein und erreichte, daß die europäischen Siedler die Eingeborenen wenigstens auf dem Gebiet der Übernatur als gleichberechtigt ansahen, aber auf allen anderen Gebieten blieb der Eingeborene ein Mensch zweiter Klasse.

Zusammen mit den anderen Orden, besonders den Franziskanern und Dominikanern, hatten auch die Jesuiten an der großangelegten Mission teilgenommen und sich in Lima, der Hauptstadt Perus, in Santiago de Chile, Córdoba, Buenos Aires, Asunción, der Hauptstadt Paraguays, und an vielen anderen Orten niedergelassen.

Sie hatten Kollegien und Universitäten gegründet, die von den Söhnen der Siedler besucht wurden. Die Förderung der Volksbildung, vor allem durch den Unterricht in den Landessprachen, war zum großen Teil ihr Werk. Sie gingen aber auch aus den Städten heraus und richteten fliegende Missionen im Gebiet der Indianer ein. So kamen sie schon lange vor der Gründung der ersten Reduktionen mit den Guarani in Berührung. Dieser halbnomadische Indianerstamm bewohnte in großer Zahl die Gegend am oberen und mittleren Lauf der Flüsse Parana und Uruguay, im Osten der damaligen Provinz Paraguay.

In einigen Jesuitenniederlassungen dieser Provinz hatten spanische Wohltäter den Patres Eingeborene «geschenkt», die als Diener verwendet wurden; doch der General Aquaviva befahl dem Provinzial die Abstellung dieses Mißbrauches. Jedenfalls haben die Jesuiten die Lektion so gut begriffen und fortan ein so gutes Beispiel gegeben, daß die Siedler unwillig wurden, sich in ihren Rechten als *encomenderos* bedroht fühlten und den Jesuiten das Leben immer schwerer machten. Man entzog ihnen die Almosen und besuchte ihre Kirchen und Kollegien nicht mehr. In manchen Städten, wie z. B. in Santiago de Paraguay und in Córdoba, wurde der Aufenthalt für sie unerträglich.

Da traf der General Aquaviva eine grundlegende Entscheidung: Während die Jesuiten anderswo, d. h. in Brasilien und Peru, an ihrer bisherigen Lebensweise und Tätigkeit festhalten durften, sollten sie in Paraguay die Städte verlassen, in den Ostteil des Landes, nach Guayra zu den Eingeborenen gehen und dort an Stelle fester Missionsstationen fliegende Missionen gründen. Pater Diego Torrez wurde der Obere dieser neuen Ordensprovinz, in deren Gebiet unter der spanischen Herrschaft 150 000 freie Guarani lebten, die wegen der Weiträumigkeit und der dichten Bewaldung des Landes bisher noch dem Zugriff der *encomienda* entgangen waren.

Der spanische König Philipp III. förderte von Anfang an die junge Mission und verlieh den Guarani einen besonderen Rechtsstatus: Sie durften auf keinen Fall zu Sklaven gemacht werden und sollten unter der Verwaltung der Jesuiten stehen, wenn sie auch nominell noch Untertanen des Königs blieben. Die örtlichen Verwaltungsstellen, die einsichtig und guten Willens waren, gewährten ihre Unterstützung bei der Gründung dieser ungewöhnlichen Republik unter der Oberhoheit einer Monarchie und der Leitung von Priestern.

Noch bevor der offizielle Erlaß Philipps III. eingetroffen war, gründeten die Jesuiten Simon Maceta und José Cataldino im Jahre 1610 das erste Dorf des neuen Staates und gaben ihm den Namen Loreto zu Ehren des von Ignatius sehr geschätzten Wallfahrtsortes. Für dieses Dorf und die zahlreichen später gegründeten hatte man die gemeinsame Bezeichnung «Reduktionen», die aber keineswegs den Guarani-Siedlungen vorbehalten, sondern ein Name für jedes feste Indianerdorf war. Dabei dachte man weniger an die «Rückführung» dieser Eingeborenen zu einem Leben fern von den Städten der europäischen Siedler, man wollte mit dem Namen vielmehr ausdrücken, daß man die Indianer – gemäß der lateinischen Formulierung *ad ecclesiam et vitam civilem reducti* – «zur Kirche und zum bürgerlichen Leben» zurückgeführt hatte.

Bei dem Aufbau der Reduktionen lag den Jesuiten nicht nur die Bekehrung der Indianer zum Christentum und ihre Hinführung zu einer höheren Zivilisationsstufe am Herzen, sondern auch ihr Schutz vor den Streifzügen, die von spanischen und portugiesischen Sklavenjägern von Argentinien und Brasilien aus mit großem Gewinn und ohne viel Mühe gegen die weit zerstreut wohnende und schutzlose Bevölkerung unternommen wurden.

Übrigens gelang es den Jesuiten nicht, die verbrecherischen Überfälle zu verhindern, die manchmal in ganz großem Stil ausgeführt wurden. Bei einem dieser Raubzüge im Jahre 1630 wurden sechs Reduktionen angegriffen und 15 000 Guarani auf einmal in die Gefangenschaft geschleppt. Auch die Verluste auf der nachfolgenden Flucht nach Westen waren beträchtlich. Schätzungsweise haben die Sklavenjäger in diesen Gegenden insgesamt 300 000 Eingeborene erbeutet.

Im Jahre 1767, dem Jahre ihrer Auflösung, gab es etwa 38 Reduktionen auf einem Gebiet, das mit einer Länge von 650 und einer Breite von 600 Kilometern halb so groß wie Frankreich war und von ungefähr 110 000 Indianern bewohnt wurde. Die Spanier sprachen von 300 000; aber die Verwaltung nimmt ja immer gern eine größere Kopfzahl an, wenn es gilt, ein Land mit Steuern zu belegen. Von 1609 bis 1767, also genau 159 Jahre lebte dieses Land unter dem Schutz der Jesuiten, deren Zahl zur Zeit der Aufhebung der Reduktionen im ganzen 89 betrug. Als vergleichbarer Zeitraum bieten sich die Jahre an, die etwa seit der Französischen Revolution bis heute verflossen sind.

An der Spitze jeder Reduktion standen zwei Jesuitenpatres, die geistliche und weltliche Aufgaben unter sich verteilt hatten.

Die einzelnen Reduktionen waren zu einem Bund zusammengeschlossen, an dessen Spitze ein Generaloberer aus dem Jesuitenorden stand. Er besuchte der Reihe nach die Dörfer, erließ Gesetze, die in dem «Libro de Ordenes» niedergelegt wurden, überwachte die Verwaltung sowie das religiöse, soziale und wirtschaftliche Leben des ganzen Gebietes und war nur dem General der Gesellschaft Jesu verantwortlich. Jeder Einwohner, die Amtsträger ausgenommen, bezahlte eine Steuer an die spanische Krone, die vom Schatzmeister des ganzen Bundes nach der jeweiligen Zahl der Einwohner pauschal entrichtet wurde. Einen Teil dieser Steuer bekamen die Patres für ihren Lebensunterhalt zurückerstattet. Darüber hinaus lieferte ihnen der König den Meßwein und das Öl für die Lampen ihrer Kirchen. Im übrigen deutete nur noch die spanische Flagge, die über den Gebäuden der Republik wehte, die ziemlich lockere Verbindung der Reduktionen mit dem Mutterland an. Mit den Nachbarländern hatte das Gebiet noch losere Beziehungen. In der ersten Zeit war jedem Spanier und Portugiesen die Einreise verboten; lediglich die Vertreter der kirchlichen Hierarchie wurden in den Reduktionen aufgenommen. Eine Zeitlang besaß der Generalobere sogar das Recht, zu firmen, so daß der Besuch eines Bischofs nicht mehr nötig war. Die Guarani hatten wenigstens anfänglich keine Lust, die Republik zu verlassen, da sie dabei Gefahr liefen, in die Hände der Sklavenjäger zu fallen. Später unterlagen sie allerdings nicht selten der Versuchung, die von den spanischen Städten mit ihrem schillernden Luxus ausging. Einer anderen Versuchung konnten sie allerdings nie widerstehen: die Dörfer zu verlassen, wieder in den Urwald zurückzukehren und ihr Nomadenleben fortzusetzen.

Um eine noch stärkere Schranke zwischen der abgeschlossenen

Welt der Guarani und ihrer Umwelt aufzurichten, untersagten die Jesuiten den Gebrauch der spanischen Sprache in den Reduktionen und ließen im öffentlichen Leben und in den Schulen nur den Eingeborenendialekt zu. Einige gut begabte Schüler durften das Spanische zwar lesen und schreiben, nicht aber sprechen lernen.

Was für Menschen waren die Guarani eigentlich? Nur schwer vermag man sich von ihrer Eigenart ein genaues Bild zu machen. Die spanischen und portugiesischen Siedler neigten dazu, ihnen die übelsten Eigenschaften zuzuschreiben, um die Behandlung, die sie ihnen angedeihen ließen, gerechtfertigt erscheinen zu lassen. Ein den Jesuiten sehr gewogener Geschichtsschreiber der Reduktionen hingegen erklärt, daß diese guten Leute den Namen von Menschenfressern keineswegs verdienten. Denn wie kann man, so fragt er, Menschen mit diesem Vorwurf bedenken, die nur hin und wieder nach einem Krieg einen Gefangenen schlachten? [1]

Allem Anschein nach waren die Guarani ursprünglich weder so wild, wie die Siedler sie schilderten, noch so sanft und «von natürlicher Unschuld», wie manche Historiker und politischen Schriftsteller sie darstellten. Es gibt eine Anekdote, aus der man sehr schön ihren Charakter ersehen kann: Einige Guarani hatten sich einmal unter Mitnahme eines Ochsen und eines Pfluges aus ihrer Reduktion entfernt. Als man sie eine Wegstrecke entfernt wieder auffand, hatten sie mit dem Holz des Pfluges ein Feuer gemacht und waren dabei, den Ochsen halbroh zu verzehren.

Wie dem auch sei, die von den Ufern des Parana und des Uruguay in die Heimat gelangten Berichte vermittelten den Europäern einen Eindruck von den Reduktionen, als ob sich dort der Traum vom Goldenen Zeitalter erfüllt habe und die Reduktionen der Jesuiten so etwas wie Glückliche Inseln in den unermeßlichen Weiten der Pampas seien.

Vernunft und Klugheit hatten sich anscheinend zusammengefunden, um dort in der Ferne die beste der möglichen Welten zu bauen. Was man auch hiervon halten mag, die Siedlungen der Guarani waren jedenfalls einheitlich und sehr vernünftig angelegt. Ihre Größe war verschieden; es gab große Dörfer mit 4000 bis 5000 Einwohnern, aber auch solche, die bis zu 15 000 Seelen zählten. Die Häuser waren entlang den rechtwinklig aufeinanderstoßenden Straßen gebaut und glichen sich völlig in der Bauweise; denn die «Gleichheit in allem» (*uniformidad in todo*) war oberster Grundsatz in der ganzen Republik. In der Mitte der Reduktion befand sich die rechteckige plaza mayor. An einer Seite dieses Platzes standen nebeneinander alle öffentlichen Gebäude: Kirche, Schule, Krankenhaus, ein Heim für alte, alleinstehende Frauen, die Wohnung der Patres und der Friedhof.

Dunkle Gäßchen gab es nicht. Die Straßen waren breit, die We-

---

1 C. Lugon, «La république communiste chrétienne des Guaranis». Paris 1949, S. 22

ge für die Fußgänger erhöht und durch Vorbauten gegen Sonne und Regen geschützt. Mußte das Dorf vergrößert werden, so errichtete man eine neue Häuserzeile und legte eine neue Straße an. Die Mauern der Gebäude waren wenigstens im Erdgeschoß aus Stein.

Die geräumige, reich geschmückte Kirche war das schönste Bauwerk des Dorfes. In ihr wurde ein prächtiger Gottesdienst gehalten; denn die Guarani liebten Musik, Gold und Lichterglanz. Aber sie waren auch ehrfürchtig und fromm. Während der sonntäglichen Meßfeier erhöhten Trommelwirbel die Festlichkeit der Liturgie, und bei der Wandlung erklang Trompetenschall.

Die Erholung und die Spiele wurden mit der gleichen Sorgfalt wie der Sport vorbereitet und gestaltet. Man führte Theaterstücke auf, deren Tendenz sich natürlich gegen die Sklaverei richtete, und druckte Bücher in der Guarani-Sprache.

Das sittliche Leben in den Reduktionen war so gut, daß man auf die Todesstrafe verzichten konnte. Schwerere Vergehen wurden mit Gefängnis geahndet, für leichtere Übertretungen zog sich der Schuldige eine öffentliche Auspeitschung zu, worauf er dem, der die Schläge ausgeteilt hatte, die Hand küssen mußte. Die jungen Leute heirateten sehr früh und erhielten eine kostenlose Wohnung. Ehebrüche waren unmöglich, da eine Gruppe von Amtspersonen, «Neophyten» oder «Zelatoren» genannt, alle Dorfbewohner überwachten und die Ehefrauen während der Abwesenheit ihrer Männer nicht allein zu Hause blieben, sondern im Witwenheim wohnten.

Das ganze Dorfleben richtete sich nach dem Zeichen der Kirchenglocken. Alle fanden sich zur täglichen Messe zusammen und gingen singend zur Arbeit. Denn es wurde auch gearbeitet. Die Jesuiten hatten den Indianern, die von Hause aus Fischer und Jäger waren, die Kunst des Ackerbaus und der Viehzucht beigebracht und sie die Anlage von Mate-Pflanzungen gelehrt. So brauchten sie die kostbaren Blätter dieses Baumes nicht mehr auf den weit abgelegenen Hügeln einzusammeln, wobei sie, abgesehen von anderen Gefahren, leicht ein Opfer der Sklavenhändler werden konnten.

Der ganze Ertrag der Landwirtschaft wurde nach dem Grundsatz der Gleichheit verteilt. Es gab weder Lohn noch Kauf und Verkauf. Handel, Geld und Kaufläden waren unbekannt. Das Ackerland gehörte der Allgemeinheit. Ebenso war es mit der Ernte, die in großen Scheunen aufbewahrt und an die Bewohner je nach ihren Bedürfnissen ausgegeben wurde. Die kranken und alten Leute bekamen ihr Teil davon, und schließlich dachte man auch an Vorräte für Notzeiten. Eine Zeitlang wollten die Jesuiten auch das Privateigentum bei den Guarani einführen, und jeder Bauer erhielt ein Stück Land zu seiner freien Verfügung. Aber das führte nur dazu, daß der Indianer den Tag, den man ihm zur Arbeit auf dem eigenen Grund freigegeben hatte, lieber in seiner Hängematte liegend zubrachte. Daher mußte man wieder zum unbeschränkten Gemeineigentum zurückkehren.

Die wenigen Geschäfte zwischen den Einwohnern wickelten sich

Krieger der Guarani

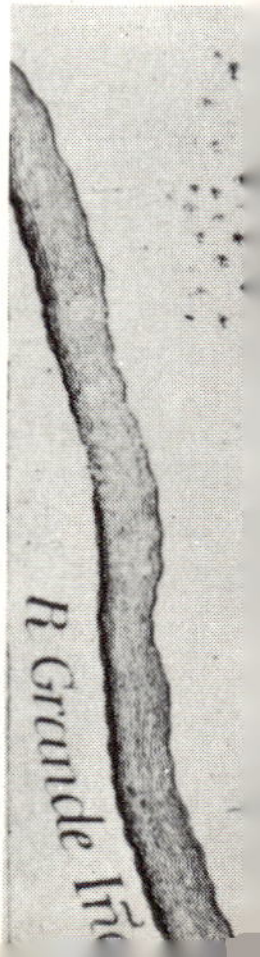

nach der Art des altertümlichen Tauschhandels ab, wobei Tabak und Kaffee als Währung dienten. Die soziale Sicherheit war vollkommen gewährleistet, ebenso die Alters- und Krankenversicherung. Es gab keine Armen und Bettler, aber auch keine Reichen, obwohl niemand Not litt.

Der eigentliche Handel, der aus den Reduktionen verbannt war, begann erst an der Grenze. Der Bundesstaat führte seine Erzeugnisse wie Tabak, von den Frauen be-

stickte Stoffe und vor allem Mate aus; Werkzeuge und Geräte mußten eingeführt werden. Nach und nach entstand eine Binnenflotte und, nachdem man Eisenerzadern entdeckt hatte, auch eine bescheidene Industrie.

Den beiden Jesuiten, die für die Leitung jeder Reduktion verantwortlich waren, standen ein gewählter Gemeinderat und ein Bürgermeister, der corregidor, zur Seite. Der alguazil und vier alcades übten die richterlichen und polizeilichen Funktionen aus.

So sah das Leben in dieser eigenartigen christlichen Republik aus, die ihre Blüte um die Mitte des 18. Jahrhunderts erlebte.

Die Krise, die ihr zum Verhängnis werden sollte, begann genau im Jahre 1750. Damals wollte Spanien ein Stück portugiesischen Gebietes in der Nähe

Belagerung einer Guarani-Reduktion durch berittene Truppen

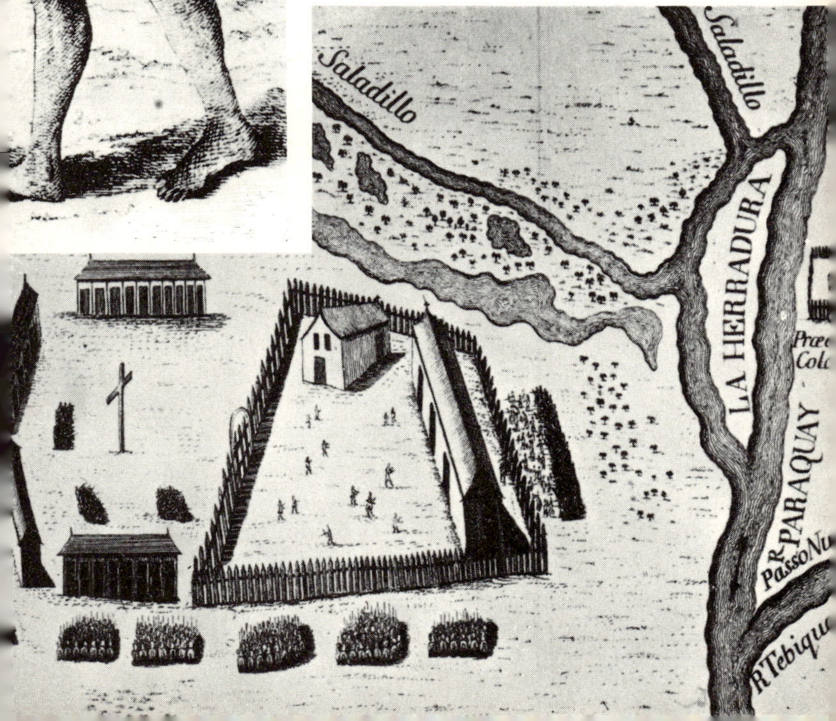

von Buenos Aires haben, in dem ein lebhafter Schmuggel getrieben wurde, und bot darum seinen Nachbarn in dem berühmten «Grenzvertrag» sieben Guarani-Reduktionen zum Tausch an. Dieser Gebietsabtretung widersetzte sich der Bundesstaat mit Waffengewalt. Unter geschickter Ausnützung ihrer Ortskenntnisse gelang es den Guarani-Kriegern, die Portugiesen und Spanier getrennt zurückzuschlagen.

Der Widerstand dauerte jahrelang, bis er 1756 unrühmlich im Blut der Indianer erstickt wurde. Da der Jesuitengeneral im fernen Rom die Meinung vertrat, der Bundesstaat müsse der Gewalt weichen und dürfe keinen Widerstand leisten, kann man sich vorstellen, welche Verwirrung die entsprechenden Befehle in den Herzen der Missionare auslösten. Zwölf von ihnen gehorchten nicht; die übrigen machten sich durch ihren Gehorsam bei den Guarani verdächtig. Die innere und äußere Tragik dieser Situation erklärt es auch, daß die spanischen Behörden in Argentinien, als Karl III. von Spanien einige Zeit darauf die Gesellschaft Jesu auflöste, es nicht schwer hatten, die Vertreter der Guarani mit leeren Versprechungen zu überlisten und so ihre Unterwerfung zu erreichen.

Die Jesuiten wurden mit einer Brutalität ohnegleichen aus den Reduktionen vertrieben. Von den alten Dörfern stehen heute nur noch Ruinen, einige Mauerreste und Kirchenfassaden, die immer noch die Spuren ihres einst so schönen Schmuckwerks tragen.

Wenn ein Orden eineinhalb Jahrhunderte hindurch eine Provinz regiert hat, dann ist das Anlaß genug für Kommentare, Überlegungen und Kritik. Natürlich wurden auch Verdächtigungen laut: Die Reduktionen, so sagte man, waren eine Goldgrube, aus der die Gesellschaft große Geldsummen herausgezogen hat. Doch die Einkünfte genügten in Wirklichkeit kaum, um die notwendigen Ausgaben im Lande selbst und die Kosten für die in Rom ausgebildeten und für die Reduktion bestimmten Patres zu decken. Es wurde auch behauptet, die Guarani hätten unter den Jesuiten in einer furchtbareren Sklaverei gelebt als die Indianer in Brasilien und Argentinien. Dem steht aber entgegen, daß die 83 Patres unter mehr als 110 000 Eingeborenen lebten, und zwar niemals mehr als zwei in einem Dorfe, und doch in 150 Jahren nicht die mindeste Unbill von seiten ihrer Untergebenen erfuhren.

Umgekehrt hat Voltaire erklärt, daß die Aufrichtung des Christentums in Paraguay «sich in mancher Hinsicht als ein Sieg der Menschlichkeit gezeigt hat». Noch deutlicher spricht Montesquieu, wenn er darin «den Triumph der Religion und der Menschlichkeit» erblickt. Aber auch Buffon, d'Alembert und Raynal waren voll des Lobes für das Werk der Jesuiten. Ohne Zweifel war der Traum aller Demokraten, der später in der Erklärung der Menschen- und Bürgerrechte Gestalt angenommen hat, in den Reduktionen bereits im 18. Jahrhundert eine Wirklichkeit. Das haben auch die Marxisten des 19. Jahrhunderts anerkannt: Paul Lafargue, der Schwiegersohn von Karl Marx und Geschichtsschreiber des Sozialismus, hielt die Jesuitenrepublik für «eines der bemerkenswertesten und ungewöhnlichsten Experimente, die je gemacht worden sind».

Diesen Lobsprüchen stehen auch auf katholischer Seite manche Vorbehalte gegenüber. Man tadelte vor allem, daß die Jesuiten auf die Heranbildung eines einheimischen Klerus verzichtet haben, trotz des religiösen Eifers, den sie dort zum Staunen aller Augenzeugen wachgerufen hatten [1]. Von diesem Vorwurf ist es nur noch ein Schritt zur Unterstellung eines Rassenvorurteils, der Herrschsucht und der Furcht vor der Rivalität, die entstehen konnte, wenn auch die Guarani in den Orden eintraten. Doch dahinter steht offenbar die idyllische Vorstellung von dem wunderbar schönen ländlichen Leben in den Reduktionen und eine idealisierende Auffassung vom Charakter der Indianer. Gerade diese Auffassung aber hat einen bedeutenden Einfluß auf den Mythos vom «edlen Wilden» ausgeübt, der bei den sentimentalen Philosophen, wie Rousseau und Bernardin de Saint-Pierre, so beliebt war. Die «edlen Wilden» in Paraguay waren jedoch noch große Kinder. Ihre natürliche Gleichgültigkeit und Unbeständigkeit mußte die Jesuiten zu kluger Zurückhaltung mahnen: Wie hätten sie die Priesterweihe mit ihrer lebenslänglichen Bindung einem jener Menschen spenden dürfen, von denen immer wieder der eine oder andere auf Nimmerwiedersehen im Urwald verschwand?

Schwerer wiegt der Vorwurf, die Jesuiten hätten sich mit weltlichen Angelegenheiten abgegeben, das irdische Leben der Eingeborenen angenehmer zu gestalten versucht und den sozialen und materiellen Wohlstand gehoben; Jesus Christus hingegen habe gesagt: «Mein Reich ist nicht von dieser Welt», und folglich hätten Irdisches und Himmlisches nichts miteinander zu tun. Wenn man jedoch solche Urteile folgerichtig zu Ende denkt, dann führen sie zur Untätigkeit gegenüber dem Leiden in der Welt und geben irgendwie dem Mißtrauen derer Recht, die die moderne Welt ohne oder gar gegen die Kirche aufbauen wollen und dem Christentum vorwerfen, es vernachlässige den Fortschritt.

So hat Ignatius sicher nicht gedacht; und welche Vorbehalte auch im einzelnen gegen das Unternehmen der Jesuiten in Paraguay vorgebracht werden können, es liegt, im ganzen gesehen, genau auf der Linie des Programms, das er seinem Orden vorgezeichnet hat.

Gewiß, wir können uns wohl ausmalen, wie Ignatius selbst die Angelegenheit behandelt hätte, und unterstellen, daß unter seiner Leitung vieles anders ausgesehen hätte, als es nun einmal tatsächlich ausgesehen hat. Aber die Anpassung an die natürlichen Gegebenhei-

---

1 In Kanada, wo zur selben Zeit ebenfalls «Reduktionen» geschaffen wurden, um den Indianern eine Heimat zu geben und sie seßhaft zu machen, versuchte man auch die Weckung von Priesterberufen und gründete sogar ein Seminar in Quebec. Es mußte aber bereits nach einem Jahr geschlossen werden. Die Versuche der Sulpizianer scheiterten ebenso. Im ganzen 17. und 18. Jahrhundert gab es in Kanada keine einzige Priesterweihe.

ten, ihre Hinführung zur Gnade, die Predigt der Gottes- und Bruderliebe, der Aufbau eines irdischen Gemeinwesens, das einen, wenn auch nur teilweisen Sieg über die Weltübel und einen Fortschritt auf die zeitliche Wohlfahrt der Menschen hin verhieß als schwaches Abbild des Gottesreiches, keineswegs aber das Paradies auf Erden darstellen sollte — das alles ist im Ansatz unbedingt ignatianisch. Zur Ehre Gottes haben diese Missionare eine gewaltige Arbeit vollbracht. Wenn sie dabei fest überzeugt waren, Gottes Ehre zu mehren, indem sie reiche Ernten an Menschen verteilten, die im Frieden lebten und ihrem Schöpfer am Sonntag in der Kirche mit Pauken und Trompeten dankten, dann sind diese Ordensleute jedenfalls, mögen Außenstehende ihre Gewißheit auch für Selbsttäuschung halten, bis zum letzten dem Geist ihres Vaters treu geblieben.

Der Jansenistenstreit

Man kann weder den Namen Pascal nennen, ohne seine Gegnerschaft zu den Jesuiten zu erwähnen, noch vom Jansenistenstreit sprechen, ohne auf den starken Gegensatz zwischen den strengen Leuten von Port-Royal einerseits und den listigen Verteidigern der Kasuistik und des Probabilismus andererseits hinzuweisen. Solche Gegenüberstellungen kosten nicht viel Mühe und bereiten außerdem Vergnügen. Wie viele Allgemeinplätze haben sie schon in den Schriften derer hervorgebracht, die an diesen Dingen Freude haben! Demnach sollen die Jesuiten durch ihre Predigt eines mittelmäßigen Christentums sogar das Wesen des Christlichen verfälscht haben, während Pascal, der unerschrockene Verteidiger entschiedener christlicher Haltung, dem echten Geist des Evangeliums treu geblieben sei.

Die schematische Vereinfachung wird noch ärger, wenn man Pascal und den Jansenisten schlechthin das ernste Bemühen um das ewige Heil, den Jesuiten hingegen das ganz gewöhnliche Verlangen nach der Weltherrschaft zuordnet, oder wenn man behauptet: Bei jenen hat die Mystik ihre letzte Zufluchtsstätte gefunden, während diese sich ganz der Politik verschrieben haben. Um Anhänger zu gewinnen, sind die Jesuiten aller Sünden gegen den Geist fähig: Zuerst verfälschen sie die wesentlichen Glaubenswahrheiten, wie etwa die von der Gnade; dann verharmlosen sie den Sündenbegriff dergestalt, daß selbst der schurkigste Pharisäer keinen Funken Unruhe mehr um sein Heil zu spüren braucht. Überdies vertreten sie mit ihrer Kasuistik des bequemsten Weges zur Sittlichkeit die Lehre von der Selbsterlösung, wodurch die Erlösung durch Jesus Christus völlig überflüssig wird. Mit einem Wort: Dogmen, Riten, Sakramente, alles wird überflüssig, ja hinderlich, und die jesuitische Verschwörung wird mit diesen alten Hindernissen bald aufgeräumt haben.

Wenn wir jedoch die Entwicklung mit dem inneren Abstand anschauen, den die drei dazwischenliegenden Jahrhunderte ermöglichen, dann stellen wir fest, daß die Gnadenlehre der Gesellschaft Jesu ganz einfach die der Kirche war und daß die Jesuiten die Auswüchse der Kasuistik, von denen sie selbst nicht unberührt geblieben waren, mit an erster Stelle verurteilt haben, und zwar um so lieber, als die spitzfindigsten Kasuisten keineswegs in ihren Reihen standen.

Was aber die Gnade angeht, so ist es ganz offenkundig, daß die Auffassung der Jansenisten, die der angeblichen Lehre der Jesuiten entgegengesetzt ist, der Lehre der Kirche immer fremd war. Heute machen sich unter den Katholiken nur noch die Schüler in ihren Aufsätzen Gedanken über den Fall der Phaedra und bemühen sich verzweifelt, aus ihr eine Christin zu machen, der «nur» die Gnade fehlt. Eine solche Mohrenwäsche erscheint uns heute mit Recht als Ausgeburt einer üblen Kasuistik.

Aber der jansenistische Geist lebt auch noch nach drei Jahrhunderten weiter. Ja, der Versuch, zu einem Ausgleich zwischen der ganz ernsten Auffassung vom ewigen Heil und dem Vertrauen auf das eigene Können zu gelangen, ist ebenso alt wie die christliche Religion selbst, und man könnte unschwer in der Geschichte des geistlichen Lebens einen Jansenismus schon vor Jansenius und einen «jesuitischen» Optimismus vor Ignatius von Loyola entdecken. Bereits Augustinus suchte in seinem Kampf gegen die allzu optimistische Ansicht des Mönchs Pelagius, der sogar die Erbsünde leugnete und an die Wirksamkeit der menschlichen Anstrengungen ohne die Gnade glaubte, die Notwendigkeit der Gnade zu verteidigen. Die dabei vorgebrachten Argumente brauchten nur ein wenig überspitzt zu werden, und schon wäre der «Augustinismus» von Port-Royal da.

Ignatius hatte seinen Jüngern die Anweisung gegeben, zwischen den beiden Extremen eine mittlere Linie einzuhalten. In der 17. Regel «zur Bewahrung der kirchlichen Gesinnung» lesen wir: *Wir dürfen nicht so ausgiebig und nachdrücklich von der Gnade sprechen, daß dadurch das Gift einer Lehre erzeugt werde, die die Willensfreiheit aufheben möchte. Von dem Glauben und von der Gnade darf man demnach reden, soweit es mit dem Beistand Gottes zum größeren Lob seiner göttlichen Majestät möglich ist, aber nicht auf solche Art und auf solche Weise – besonders in unseren so gefährlichen Zeiten –, daß dabei die guten Werke und der freie Wille irgendwie Einbuße erleiden oder für nichts geachtet werden.*

Diese kluge Empfehlung wird noch erläutert durch ein Wort, das zwar nicht vom Ordensstifter selbst stammt, das aber seine Jünger immer als die genaue Wiedergabe seiner Gedanken betrachtet haben: «Vertraue auf Gott, aber handle so, als wenn der Erfolg deines Tuns nur von dir allein abhinge. Doch während du deine Aufmerksamkeit deinem eigenen Tun zuwendest, sollst du so eingestellt sein, als wenn dein eigenes Tun ohne Wert wäre und Gott allein alles bewirken müßte.»

Die Befolgung allein des ersten Teiles dieses Wortes ist fast Pelagianismus. Wenn man sich jedoch nur an den zweiten Teil hält, ist man nicht weit vom Jansenismus.

Diese doppelte Gefahr wurde im Laufe der Geschichte des Christentums nicht allein und nicht zuerst von den Jesuiten erkannt. Aber die Jesuiten haben sie dank der Eigenart, die Ignatius seinem Orden aufgeprägt hat, immer besonders deutlich gefühlt: nicht theoretisch, sondern existentiell, indem sie sich dem Wagnis des christlichen Lebens nie entzogen.

Das Wagnis, das im Vertrauen auf die eigene Kraft liegt und letztlich die Gefahr der Verweltlichung alles Tuns mit sich bringt, hat die Gesellschaft gern und oft auf sich genommen. Als aber dann Port-Royal seinen leidenschaftlichen Angriff von außen gegen den praktischen Optimismus der Jesuiten vortrug, kam für die Gesellschaft jene gefährliche Zeit, von welcher der Ordensgründer gesprochen und die er selbst vorausgesehen hatte; denn jetzt mußten sie den Wert «der Werke und des freien Willens» noch stärker betonen, damit er nicht noch mehr herabgesetzt und schließlich ganz verflüchtigt wurde. Daß diese lebhafte Reaktion die Haltung der Jansenisten noch versteifte, darf uns nicht wundern. Aber wir sollten auch bedenken, daß die ganze Auseinandersetzung bei aller Schärfe keinen Schiedsrichter und keine dritte Partei notwendig gemacht hat, die zwischen den Jesuiten als «These» und den Jansenisten als «Antithese» vermittelt hätte. Für diese Antinomie gab es keine Lösung jenseits der beiden Standpunkte. Aber die Jesuiten befänden sich auch heute noch im Rahmen der kirchlichen Lehre, wenn sich, was Gott verhüten möge, wieder ein derartiger Streit entfachte.

Man darf sich also nicht zu der Behauptung versteigen, als hätten die jansenistischen Angriffe bei den Jesuiten die Neigung zum Aktivismus verstärkt. Aber es läßt sich auch nicht leugnen, daß sie den Probabilismus innerhalb der Gesellschaft in einem Grade verstärkt haben, der ihr von Hause aus nicht eigen war.

Die Kasuistik und der Probabilismus bieten unerschöpflichen Stoff für wortreiche und gedankenarme Debatten. Dabei kann man sich leicht gegen die sogenannte laxe Moral der Jesuiten auf die einfachen Forderungen der Redlichkeit, der natürlichen Tugend und des

gesunden Urteils berufen. Man erzielt auch eine gute Wirkung auf den Zuhörer, wenn man in heiligem Zorn das Heldentum der Martyrer von den weichlichen Ratschlägen geriebener Beichtväter abhebt und erklärt, Christus sei nicht am Kreuz gestorben, damit gewisse Sünder sich gerettet glauben dürfen, weil sie von einem Tartuffe die Lossprechung erhalten haben.

Wer würde diese Entrüstung nicht gutheißen und sich zu eigen machen? Es bedarf wirklich keiner Anleihen bei Charles Péguy oder gar bei Paul Bert, um die Mißbräuche anzuklagen, deren sich manche Moralisten und Seelenführer schuldig gemacht haben. Aber auch der kann leicht als Heuchler angesehen werden, der überall nur Heuchelei sieht und davon überzeugt ist, daß er durch seine Wachsamkeit der echten Tugend einen Dienst erweist.

Der Begriff «Probabilismus» kommt von dem lateinischen Wort *probabilis,* das meist in der Bedeutung «wahrscheinlich» gebraucht wird. Aber er hat nichts mit der Wahrscheinlichkeit zu tun, die etwa in dem Satz ausgedrückt wird: «Wahrscheinlich gibt es morgen schönes Wetter.» Sondern wir müssen von der etymologischen Grundbedeutung des Wortes *probabilis* ausgehen: «Das, was gebilligt wird oder gebilligt werden kann.» Eine probable Ansicht ist also eine Ansicht, die eine Billigung oder Gutheißung erfährt. Wenn man aber in einer bestimmten Frage des praktischen moralischen Verhaltens anerkannte Fachleute zu Rate zieht, sieht man sich manchmal verschieden lautenden Antworten gegenüber. In diesem Fall ist die probabelste Ansicht diejenige, welche die meisten und besten Vertreter für sich hat. Ihr stehen eine oder mehrere weniger probable Ansichten gegenüber. Das Problem besteht nun darin, ob man sich bei einer solchen Vielfalt von Meinungen immer für den schwersten, heroischen Weg entscheiden muß oder ob man auch einen der leichteren Wege wählen darf, vorausgesetzt natürlich, daß dieser ebenfalls «probabel» ist.

Ein klassisches Beispiel für den Gewissenszweifel bietet der Fall des Wahnsinnigen, von dem sich jemand vor der Krankheit ein Messer geliehen hat mit dem Versprechen, es nach einiger Zeit zurückzugeben. Muß man dem Wahnsinnigen dieses Messer jetzt noch zurückgeben, obwohl man sicher weiß, daß er es mißbrauchen wird? Oder darf man sein Wort brechen und das Messer behalten?

Das Mittelalter ging ohne Zögern den sichereren Weg des Tutiorismus: Man muß zwar dem Urteil des Gewissens, genauer gesagt: des ganz klaren Gewissens, folgen, aber die Unkenntnis der Pflicht entschuldigt das Vergehen nicht, auch wenn es in gutem Glauben begangen wird. Daher muß man sich, um jeden Zweifel auszuschließen, immer ein objektiv richtiges Gewissen verschaffen.

Diese strenge Ansicht wich einer milderen, als das IV. Laterankonzil am Anfang des 13. Jahrhunderts die Verpflichtung zum Beichthören neu einschärfte. Damals erschienen die ersten *Summae confessorum,* d. h. praktische Handbücher, mit deren Hilfe die Beichtväter die ihnen vorgetragenen Gewissenszweifel leichter lösen konnten.

Lange Zeit hindurch hielten sich diese Handbücher noch sehr eng an den Tutiorismus. Erst im 16. Jahrhundert gewann der Probabilismus entscheidend an Boden, und zwar bei den Dominikanern in Salamanca. Das ist sehr aufschlußreich und verdient auch deshalb Beachtung, weil einer der ersten Theologen, welche die probabilistische Ansicht klar formulierten, eben jener berühmte Melchior Cano war, der erbitterte Gegner des Ignatius und der noch jungen Gesellschaft. Es mutet an wie eine Ironie der Geschichte, daß ausgerechnet in Salamanca, wo Ignatius zuerst eingekerkert und dann heftig angefeindet wurde, das Moralsystem Gestalt angenommen hat, das man ein

Jahrhundert später als charakteristisch für die Gesellschaft Jesu hinstellte.

Melchior Cano läßt zu, daß man sich für die weniger probable von zwei Ansichten entscheiden kann. Wenn man im Zweifel, was man tun muß, die eine Handlungsweise als die sicherere erkennt, einer anderen aber den Vorzug geben möchte, kann man die letztere wählen unter der Bedingung, daß auch sie erlaubt ist, d. h. die Autorität wenigstens eines anerkannten Fachmannes für sich hat. Bei diesem Vorgehen tritt im Gewissen des Handelnden für die eigene spontane Ansicht die probable Ansicht eines anderen ein.

Das ist der Probabilismus. Auf seinem Boden erwuchs die Kasuistik, d. h. die Wissenschaft von der Anwendung der probablen Ansichten auf den Einzelfall.

Aber die Jesuiten waren nicht ihre einzigen Vertreter. Man nennt zwar gerne die Namen Vasquez, Sanchez und Escobar, man sollte aber auch den Theatiner Antoninus Diana erwähnen, der von 1585 bis 1663 gelebt und 6595 «Resolutiones morales» (Lösungen von Gewissensfällen) veröffentlicht hat. Die Gesamtzahl der Fälle, mit denen er sich während seiner Tätigkeit beschäftigt hat, beträgt über 20 000. Er verdient die Palme der Subtilität und übertrifft darin auch den armen Escobar, den Pascal so berühmt gemacht hat. Dieser spanische Jesuit aus Valladolid war ein angesehener Mann, voller Güte und persönlicher Lauterkeit. Nachdem die «Lettres d'un Provincial» erschienen waren, wurde er in Valladolid viel besucht und wie ein seltenes Tier besichtigt. Er wunderte sich über diese Berühmtheit und erklärte sich ihrer nicht wert, da doch viele Kasuisten feinere Unterscheidungen aufzustellen wüßten als er. Noch lange nach seinem Tode bewahrte das einfache Volk von Madrid Stücke seiner Kleidung auf und verehrte sie wie Reliquien.

Alle diese Theologen, zu denen außer Theatinern und Jesuiten auch Zisterzienser wie der berühmte Caramuel gehörten, besaßen eine richtige Sammelleidenschaft für Gewissensfälle. Man stelle sich einen Richter vor, der seine Freizeit nicht nur auf das Abschreiben der merkwürdigsten Urteile aus den Gerichtsakten verwendet, sondern darüber hinaus auch noch selbst die sonderbarsten Urteile erfindet und seine Freude daran hat, zu allen möglichen Prozessen alle auch noch möglichen Urteile zu fällen und niederzuschreiben. Aber obgleich dieser Mann weder etwas vom Geist eines wahren Juristen noch vom Ungeist eines Rechtsverdrehers besitzt: mit seiner von der Phantasie geschaffenen Wissenschaft wird er doch schließlich einmal Bände füllen.

Dieser Vergleich ist berechtigt; denn die Kasuisten des 17. Jahrhunderts waren im Unterschied zu ihren Vorgängern, die den Beichtvätern helfen wollten, eigentlich und im Hauptberuf Kanonisten, die, gerade weil ihnen jede praktische Erfahrung abging, ihrer Erfindungsgabe freien Lauf ließen.

Doch deswegen darf man in der Leidenschaft der Kasuisten keineswegs bloß ein harmloses Spiel des Verstandes sehen, das keine wei-

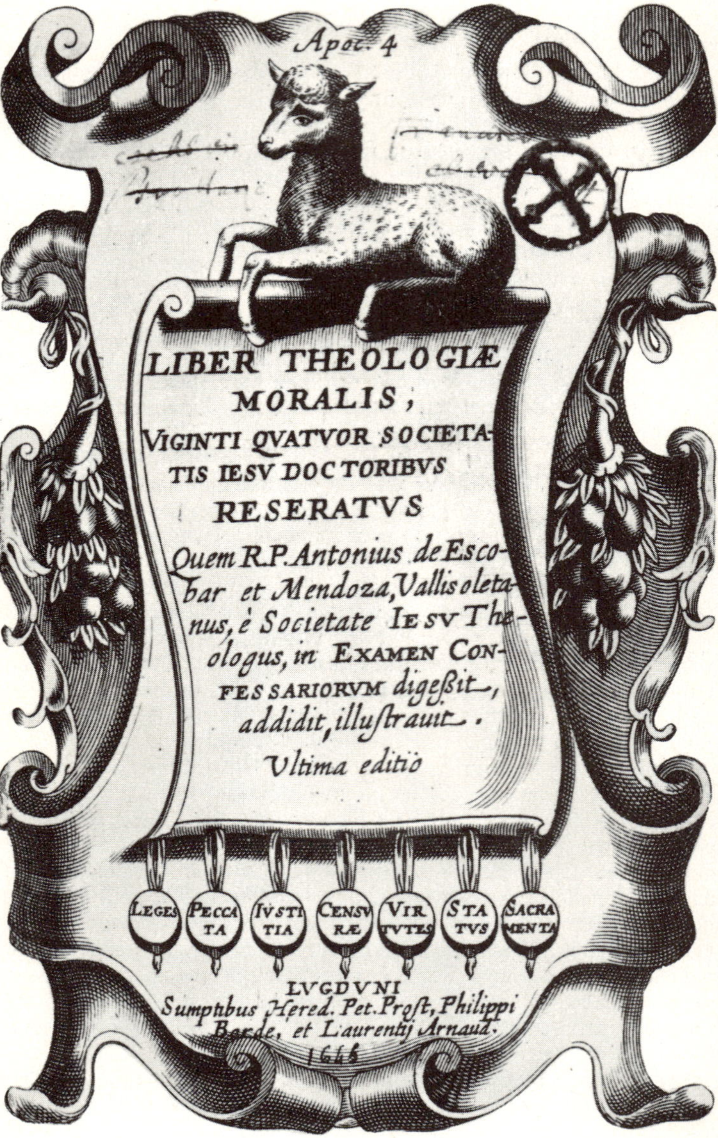
Apoc. 4

LIBER THEOLOGIÆ
MORALIS,
VIGINTI QVATVOR SOCIETA-
TIS IESV DOCTORIBVS
RESERATVS

Quem R.P. Antonius de Esco-
bar et Mendoza, Vallisoleta-
nus, è Societate IESV The-
ologus, in EXAMEN CON-
FESSARIORVM digeßit,
addidit, illustrauit.

Vltima editiö

LEGES | PECCA TA | IVSTI TIA | CENSV RÆ | VIR TVTES | STA TVS | SACRA MENTA

LVGDVNI
Sumptibus Hered. Pet. Prost, Philippi
Borde, et Laurentij Arnaud.
1646

teren Folgen nach sich zog. Das Bestreben, «das Joch des Herrn leichter und süßer zu machen», wie Escobar es einmal ausdrückte, brachte die Gefahr des Abgleitens in den Laxismus und moralischen Agnostizismus mit sich.

Seit dem Anfang des 17. Jahrhunderts, also schon bevor Pascal geboren war, machte sich eine lebhafte Gegenströmung gegen die Übertreibungen des Probabilismus und der Kasuistik bemerkbar.

Daß es ein Jesuit war, der als erster zum öffentlichen Angriff überging, verdient als interessante Einzelheit festgehalten zu werden. Es war der Italiener Comitolus, der 1609 in Lyon seine «Responsa moralia» herausgab. Ihm folgten unter anderen der portugiesische Jesuit Rebello und später der Jesuitenkardinal Robert Bellarmin. Übrigens hatte bereits 1604 der General der Gesellschaft Jesu Aquaviva die Ordensoberen zur Wachsamkeit vor der Gefahr des Laxismus aufgerufen.

Während des ganzen 17. Jahrhunderts hat die Frage des Probabilismus die römischen Kreise, einschließlich der Ordensleitung der Jesuiten, beschäftigt. Wer Paris als den Ausgangspunkt der Auseinandersetzungen betrachtet, verfällt einer optischen Täuschung. Gleichzeitig mit den «Lettres d'un Provincial» veröffentlichte Prosper Faguanus, ein Kanonist der römischen Kurie, im Vatikan eine «Abhandlung über die probable Ansicht», die fraglos einen weit stärkeren Einfluß auf die päpstliche Entscheidung ausgeübt hat als die französischen Streitschriften. Die Entscheidung des Papstes erfolgte 1679 in einem Dekret, das 65 Sätze der laxistischen Moral verurteilte. Einer dieser Sätze, über die wir heute nur noch staunen können, lautet: «Wenn ein Richter zweifelt, zu wessen Gunsten er entscheiden soll, weil ihm die beiden Parteien in gleicher Weise Recht zu haben scheinen, darf er zugunsten der Partei entscheiden, die ihm Geld anbietet.»

Aber obwohl Rom den Laxismus verurteilt hatte, dachte es nie daran, den Probabilismus und die vernünftige Kasuistik zu verurteilen. In der Tat, die Kasuistik ist so alt wie die Menschheit. Die ganze griechische Tragödie läßt sich auf «Gewissensfälle» zurückführen, unter denen der Konflikt der Antigone der tragischste ist. Die Stoiker, diese strengen Jansenisten des Altertums, waren Kasuisten, die sich zum Beispiel die Frage stellten: «Darf man Falschgeld in Zahlung geben, wenn man es selbst in Zahlung genommen hat?» Oder: «Darf ein Getreidehändler in Notzeiten seine Ware teurer verkaufen, wenn er weiß, daß Getreideschiffe unterwegs sind und die Preise fallen werden?» Wie jeder Moralist, der über seine «Fälle» nachdenkt, unwillkürlich dazu übergeht, verwickelte Probleme zu erfinden, um sie dann mit Vergnügen zu lösen, so hatten auch die Stoiker ihren Escobar und ihren Diana. Davon zeugt der folgende, von Seneca vorgelegte casus: «Ein Mann, der im Krieg beide Arme verloren hat, überrascht seine Frau beim Ehebruch und befiehlt seinem Sohn, die Ehebrecherin auf seine Verantwortung und an seiner Statt zu töten. Muß der Sohn gehorchen?»

Pascal und die Jansenisten haben die Auswüchse der Kasuistik zu Recht angeprangert. Aber hinter ihrer sittlichen Entrüstung, der jeder Anerkennung zollt, erkennt man eine Tendenz, die der Vernunft jegliche Fähigkeit abspricht, das sittlich Gute von sich aus zu erkennen und zu bestimmen. In ihren Augen war die Natur zu verdorben, als daß sie noch mit der Gnade zusammenwirken könnte. Die Absicht der Vernunft, eine sittliche Norm aufzustellen, erschien ihnen genauso verabscheuungswürdig, als wenn die sündige Kreatur sich selbst an die Stelle Gottes setzen wollte.

Darum bestand das eigentliche Problem, das von dem Streit aufgeworfen war, nicht darin, ob Ordensleute, wie lauter sie auch in ihrer Lebensführung sein mögen, das Recht haben, alle möglichen Scheußlichkeiten zu erfinden und zu beschreiben. Es ging auch nicht um die Frage, ob irgendein Jesuit als Beichtvater berechtigt ist, einen liederlichen Marquis vom Fasten zu dispensieren, weil er sich in der Nacht vom Donnerstag zum Freitag etwas zuviel zugemutet hat. Wenn sich die Aufmerksamkeit einmal von diesen Torheiten abgewandt hat, bleibt die wirklich entscheidende Frage: Kann die menschliche Vernunft mit ihren eigenen Kräften und mit Hilfe der Gnade bestimmte Regeln für das sittliche Verhalten aufstellen? Die Jesuiten bejahten die Frage getreu dem Geist des Ignatius, und gerade diese Treue bildete die Hauptangriffsfläche für die Jansenisten.

Sie brachte paradoxerweise auch den Vorwurf einer laxen Moralauffassung für die Schüler dessen ein, der das ganze Christenleben auf den Ernst der *Geistlichen Übungen* gegründet hatte. Was für eine umwälzende Veränderung mußte in den geistlichen Söhnen des Asketen von Manresa, des weltentsagenden «Pilgers», des heldenhaften Krankenpflegers von Venedig vor sich gegangen sein, daß sie jetzt als Vertreter eines Christentums der Anpassung und einer Religion für halbgläubige Weltmenschen, einer Sittlichkeit der bequemen Rezepte, die man dazu noch mit Hilfe des geheimen Vorbehalts nach Belieben drehen und wenden konnte, und als spitzfindige Rabulisten und Erzheuchler galten?

Die landläufige Erklärung hierfür ist bekannt: Ignatius war ein Heiliger und wollte die ganze Welt für Christus gewinnen. Seine Nachfolger hingegen waren keine Heiligen mehr und hatten von seinen Gedanken nur noch den Erorberergeist behalten, ihn aber ganz ins Weltliche verkehrt. Sie wollten die Welt nicht mehr Christus unterwerfen, sondern ihrem Orden. Zu diesem Zweck beschritten sie den Weg der Zugeständnisse und waren die Nachsicht und Milde in Person, um die Menschen für ihre Ziele zu gewinnen.

Aber die Wahrheit ist ganz anders. Sie erscheint deutlich, wenn wir sorgfältig und genau unterscheiden zwischen der Ebene des Gesetzes und der Gebote, wozu auch die Sünde gehört, und der Ebene der Großmut und Freiheit. Hier schwingt sich eine hochherzige Seele auf zur Freiheit und Großmut Gottes, dort streitet eine mittelmäßige Seele um Kleinigkeiten und will genau die Grenzen ihres Sklavendienstes unter dem Gesetze erfahren. Darf man einen solchen Menschen in seiner kleinlichen Gesetzesfrömmigkeit allein lassen? Muß man ihm nicht vielmehr in der Sprache, die er versteht, Antwort geben und dafür sorgen, daß er sich mit der Gnade zu einer Stufe der Sittlichkeit erhebt, die für die Großmut offen ist? Man soll doch den glimmenden Docht nicht auslöschen!

Eine liebevolle Antwort in der Sprache des Gesetzes kann für einen Menschen, der noch von Sünden gequält wird, der erste Schritt zu seiner Bekehrung sein. War eine solche mit Optimismus gepaarte Klugheit nicht gerade zur Zeit des Sonnenkönigs bitter nötig?

Stellen wir uns doch einmal den Gegensatz zwischen dem Hofleben jener Zeit und den Forderungen der damaligen Staatsreligion vor! Zudem hatten sich die Menschen längst von dem entschiedenen Christentum des Mittelalters entfernt, in dem der Glaube noch nicht zum Problem geworden war, wo man zwar tapfer sündigte, aber auch kräftig Buße tat. Es war ein Katholizismus der Vorbehalte im Entstehen, der genau wissen wollte, wie weit man sich von der Heiligkeit entfernen darf und wo der Garten der Kirche zu Ende ist und die Wildnis beginnt. Man kann sich über den Wunsch nach Anpassung entrüsten und ihn anprangern: das ist eine gesunde und verständliche Reaktion. Aber man kann nicht leugnen, daß er jedem verantwortungsvollen Seelsorger zur brennenden Frage wird.

Es ist falsch, daß die Jesuiten sich der wertvollen Hilfe des Probabilismus und der Kasuistik, die sie nicht erfunden hatten, bemächtigt und sie für ihre Zwecke zurechtgemacht haben. In Wirklichkeit vertrat die Gesellschaft, als der Jansenistenstreit begann, noch gar keinen ausgesprochenen Probabilismus. Dazu kam sie wenigstens in Frankreich erst dadurch, daß sie sich gegen den Vorwurf eines überspitzten Probabilismus verteidigen mußte.

Schließlich neigte sie sogar wieder zu einer größeren Strenge, die auf den General Thyrsus Gonzales zurückgeht. Er wurde 1687 als Nachfolger Olivas gewählt und veröffentlichte 1694 sein Werk «Fundamentum theologiae moralis», worin er den Probabiliorismus lehrte. Hinter diesem unschönen Wort verbirgt sich die ebenso schwierige wie interessante Auffassung, die besagt: Man darf im Gewissenszweifel nur dann den weniger sicheren Weg wählen, wenn dieser probabler ist. Das heißt: Wenn jemand dem Wahnsinnigen die Rückgabe des Messers versprochen hat, genügt es nicht, einen einzigen Fachmann zu fragen, seinem Rat zu folgen und so die Gewissensbedenken wegen des nicht eingehaltenen Versprechens zurückzustellen, sondern es müssen zahlreichere und stärkere Autoritäten für das Behalten des Messers als für seine Herausgabe sprechen.

Die Moraltheologie hätte durch alle diese Auseinandersetzungen gewinnen und sich in der Folgezeit harmonisch entwickeln können, wie ein Organismus, der seine Wachstumskrise überwunden hat. Doch leider lähmte das den Kasuisten entgegengebrachte Mißtrauen selbst ihre maßvollsten Versuche in dieser Richtung, da einfach jede Behandlung von Pflichtenkollisionen mit Argwohn aufgenommen wurde.

Trotzdem ging die Moraltheologie als solche, d. h. die Wissenschaft von den allgemeinen Regeln des sittlichen Verhaltens als Siegerin aus diesem Streit hervor, den Pascal mit der von ihm erfundenen Kunst der Reportage so lächerlich gemacht hatte, in der bereits, wie J. Steinmann einmal treffend bemerkt, «der Journalismus des Pariser Privatkorrespondenten oder Sonderberichterstatters» unserer Tage vorgebildet war.

Wie viele Beichtväter haben übrigens ihr ganzes Leben damit zugebracht, dem Menschen wirklich zu helfen! Wir verweisen nur auf das keineswegs vereinzelte Beispiel des Paters Gabriel Hevenesi, der im Laufe eines Jahres 23 000 Beichten gehört hat. Glaubt man wirklich, diese 23 000 Christen hätten nur eine Lossprechung aus Gefälligkeit, eine bequeme Beruhigung für ihr Gewissen und in der Religion nichts anderes als Schein und Trug gesucht?

Ist es nicht vielmehr sehr wahrscheinlich, daß im Dunkel der Beichtstühle auch mancher kluge Rat gehört wurde, der geeignet war, die Menschen zu einem etwas besseren Christenleben zu führen?

Die chinesischen Riten

Es wurde behauptet, der Streit um die chinesischen Riten nehme in der Kirchengeschichte einen ebenso wichtigen Platz ein wie die christologische Auseinandersetzung im Altertum, die zu den großen ökumenischen Konzilien geführt hat, mit dem Unterschied freilich, daß hier die aufgeworfene Frage jahrhundertelang im Raume stehenblieb und daß nicht nur Theologen, sondern auch Laien, die allerdings nicht selten die apostolische Einstellung haben vermissen lassen, daran teilnahmen, wodurch es manchmal an Geschick und Sachkenntnis, niemals aber an leidenschaftlichem Eifer fehlte.

Die Leidenschaft wäre sicher weniger heftig gewesen, wenn die Jesuiten nichts mit der Sache zu tun gehabt hätten. Aber sie hatten mit der Sache so viel zu tun, daß der Begriff «chinesischer Ritus» auf viele Leute genauso wirkt wie das Wort Kasuistik, da er eine gewisse Missionsmethode kennzeichnen soll, die angeblich der skrupellosen Welteroberung näher steht als der echten Gewinnung der Seelen.

Das Problem war jedoch in Wirklichkeit viel verwickelter, als Voltaire es darstellt. Hier stießen Persönlichkeiten, Gruppen, Kräfte, Traditionen und Lehrmeinungen aufeinander, ohne daß böser Wille oder schmutzige Interessen, wie sehr viele Leute geglaubt haben, auf beiden Seiten im Spiele waren. Denn die Kirche mußte zu Beginn der Neuzeit wieder einmal die Frage lösen, der schon die Zeit des Apostels Paulus gegenübergestanden hatte, die Frage nämlich, auf welchem Wege die Heiden zum Christentum geführt werden können.

Die Heiden der Neuzeit aber waren die Bewohner des fernen Ostens und der Neuen Welt. Manche von ihnen, wie die Irokesen oder

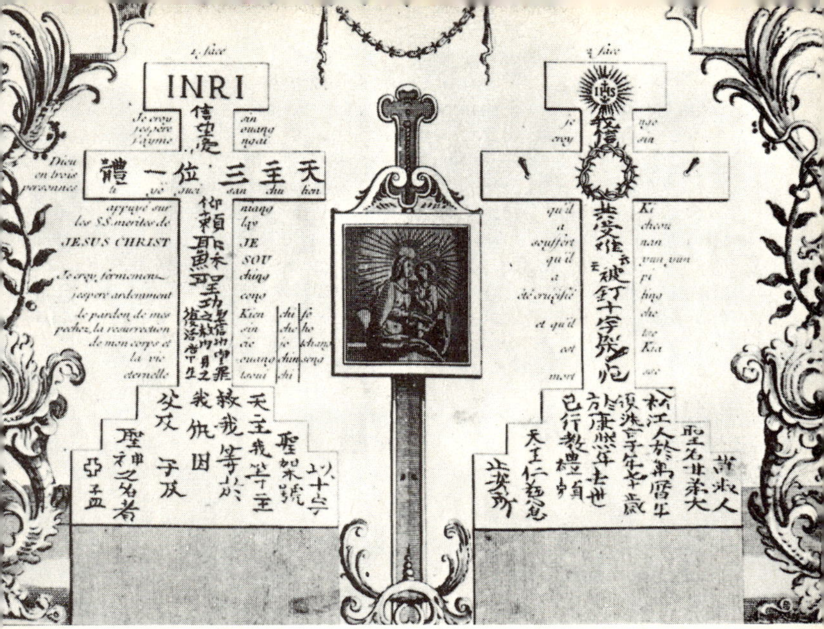

Kreuzdarstellung, mit der die Christen sich gewöhnlich beerdigen ließen (Aus dem «Atlas général de la Chine», Paris 1785)

die Guarani, konnten der christlichen Botschaft weder eine hohe Zivilisation noch eine reiche und ausgebildete profane und religiöse Kultur entgegenstellen. Die Seele dieser Menschen und Völker war gleichsam ein unbeschriebenes Blatt, wie es auch die Seele jener Barbaren war, die im Römerreich oder an seinem Rande lebten, als die ersten christlichen Missionare den Germanen und Dakern das Evangelium brachten. Aber ebenso wie im ersten Jahrhundert die Apostel, die etwa in der hellenistischen Umwelt einer geschlossenen und verhältnismäßig festen religiösen Überzeugung begegneten, sich die Frage nach einer möglichen Vermischung der Religionen gestellt und die Gefahr des Synkretismus erkannt hatten, so fanden auch die Missionare der Neuzeit bei ihrer Ankunft in China und Japan im Konfuzianismus, Buddhismus und Taoismus religiöse Systeme vor, die sich durch ihre Geschlossenheit und Festigkeit stark vom primitiven Heidentum unterschieden. So stellte sich auch das Problem des Synkretismus von neuem, diesmal jedoch um so dringlicher, als die katholische Kirche des Abendlandes nach eineinhalbtausendjährigem Bestehen einen festgefügten Block von Dogmen und Riten mitbrachte, der begreiflicherweise eine geschlossene Einheit bildete. Genauer gesprochen: die Gefahr bestand nicht darin, daß die Glaubenslehre oder der römische Ritus vom Fernen Osten beeinflußt wurde

– wie die frühe Kirche es noch von seiten der Gnosis und der Mysterienkulte befürchten mußte –, sondern sie bestand darin, daß sich der in den Osten verpflanzte Katholizismus durch zu viele Zugeständnisse und eine zu ausgedehnte Anpassung immer mehr vom römischen Katholizismus entfernte.

Wenn sich jede Spaltung, mag sie anfänglich auch nur als Mißverstehen und langsames Sichauseinanderleben sichtbar werden, gegen die Einheit richtet, durfte man dann in China bewußt und absichtlich eine Kirche gründen, die von Anfang an den Keim der Spaltung oder gar der Irrlehre in sich trug? Welchen Sinn konnte die Mission noch haben, wenn die von ihr verbreitete Wahrheit sich mit falschen Anschauungen mischte?

Natürlich hat kein Missionar je daran gedacht, den katholischen Glauben zu ändern, damit er leichter von Buddhisten oder Taoisten angenommen wird. Demnach ist auch der Begriff «chinesischer Ritus» sehr eng zu fassen: er bezeichnet nur die rein profanen Bräuche, nicht aber die eigentlich religiösen Zeremonien. Der Streit ging also nur darum, ob die vor allem bei der Totenehrung geübten Bräuche und Zeremonien noch in einem lebendigen Zusammenhang mit der heidnischen Religion standen oder ob sie lediglich Gesten waren, die, jeder religiösen Bedeutung entkleidet, nur noch einen bürgerlichen oder gesellschaftlichen Wert besaßen. Wenn es sich bei all dem nur um völkisches Brauchtum, um profane Ehrenbezeigungen handelte, wie sie etwa bei uns den Gefallenen eines Krieges erwiesen werden (der Leser denke etwa an die Flamme vor dem Grab des Unbekannten Soldaten, die auch der Christ grüßt, ohne zu fürchten, daß er damit einen heidnischen Brauch ausführt), dann konnte man auch die Neubekehrten ruhig solche Zeremonien zusammen mit ihren heidnischen Verwandten vollziehen lassen.

Zur genauen Beantwortung dieser Fragen hätte eine einfache Untersuchung genügt, wie sie die moderne Wissenschaft anstellt. Aber eine soziologische oder ethnologische Untersuchung vom 17. Jahrhundert zu verlangen, das wäre ein Anachronismus. Damals ging man das Problem lieber mit der Methode des Probabilismus an: Ist die Ansicht, nach der die chinesischen Riten einen religiösen und heidnischen Bezug haben, mehr oder weniger probabel als die entgegengesetzte Meinung?

Die Jesuiten in Peking jedoch kannten schon den Weg, der zur Beendigung des Streites führen würde: sie befragten einen dafür zuständigen Einheimischen, indem sie sich an den chinesischen Kaiser K'ang-hi persönlich wandten. Aber leider sahen die Diplomaten, mit denen der Kaiser umgeben war, eine solche Anfrage nicht gern, so daß seine Antwort nie ihren Empfänger erreichte. Überhaupt kam das eigentliche Unheil in dieser Angelegenheit von der Unzahl der diplomatischen Schritte, Gesandtschaften und Vermittlungen her, die dabei eingeschaltet wurden, mit allen ihren Gefahren der Ungeschicklichkeit, persönlicher Reibereien, aber auch endloser theologischer Erörterungen und Streitigkeiten unter den verschiedenen Orden.

Bereits am Anfang des 17. Jahrhunderts hatte es ähnliche Schwierigkeiten gegeben, als der Pater de Nobili in Indien die Tradition der Jesuitenmissionare wieder aufnahm, die rund fünfzig Jahre zuvor von Franz Xaver begonnen worden war.

P. de Nobili, der Apostel von Maduré, hatte die Kleidung der Brahmanen angelegt und lebte nicht mehr mit den *franguis* zusammen. (So wurden die Fremden, besonders die Portugiesen, genannt. Das Wort bezeichnete im Orient ursprünglich die verhaßten Franken, die zur Zeit der Kreuzzüge dort eingedrungen waren.) Er bestrich sein Gesicht mit dem Sandelholzteig, wie es die Eingeborenen zum Schutz oder zum Schmuck zu tun pflegten, obwohl dieser Teig auch zu religiösen Zwecken, wie etwa beim Opfer, verwendet wurde. Als abendländischer Gelehrter verkehrte P. de Nobili nur mit den Angehörigen der oberen Kasten, ja, er untersagte sogar den durchreisenden *franguis* den Zutritt zu seiner Kirche, da sie von den Leuten in Maduré den Unberührbaren gleichgestellt wurden: andernfalls hätten sich seine Neubekehrten bald wieder von ihm getrennt. Die Kirche eines anderen Jesuiten, des P. Fernandez, hingegen stand Portugiesen und Leuten niederer Kasten offen. War das eine häßliche Spaltung und Trennung unter Christen? Vom heutigen Standpunkt aus wird man darüber vielleicht schnell ein strenges Urteil fällen, aber P. de Nobili versicherte, daß die von ihm Bekehrten gute Beziehungen zu den Christen des P. Fernandez unterhielten und ohne Bedenken beide Kirchen zum Gebet aufsuchten. Die Zahl der Bekehrungen stieg an, und es stand zu erwarten, daß das ganze Kastenwesen durch den Einfluß der christlichen Religion auf die oberen Kasten nach einiger Zeit seine Starrheit verlieren und schließlich ganz verschwinden würde.

Wie dem auch immer sei, Rom billigte das Vorgehen des P. de Nobili, obgleich man heftig dagegen Sturm lief. In einer Bulle vom 31. Januar 1623 setzte Gregor XV. mit sehr viel Einfühlungsvermögen die Grenzen fest, bis zu denen die Zugeständnisse an die Volksbräuche gehen durften. Dieser Text hätte zur Charta der fernöstlichen Mission werden können, wenn nicht zehn Jahre nach seiner Veröffentlichung der chinesische Ritenstreit ausgebrochen wäre, der hundert Jahre später (1742) mit der Verurteilung solcher Anpassungsversuche endete.

Einige Franziskaner und Dominikaner fühlten sich als erste beunruhigt, als sie sahen, wie Jesuiten chinesische Namen trugen und sich nach der Landessitte kleideten, und schlugen kurz nach 1630 in Rom Alarm. Nach endlosen Debatten und Verhandlungen, die sowohl in Rom als auch im Fernen Osten geführt worden waren, verurteilte Monsignore Maigrot aus der Société des Missions Étrangères 1693 in einem Hirtenbrief jede Art der Anpassung. Diese Verurteilung wurde 1704 von Klemens XI. unter der Form eines Dekrets der Inquisition bestätigt, und der Prälat de Tournon wurde nach China entsandt mit dem Auftrag, das Dekret durchzuführen. Doch diese Reise verlief nicht glücklich. De Tournon wurde nämlich unter dem Vorwand einer Zusammenkunft mit dem Kaiser K'ang-hi festgehalten, der seinerseits eine Gesandtschaft an den Papst schickte, um diesem die Angelegenheit vom chinesischen Standpunkt aus darzulegen. Während der Kaiser auf die Rückkehr seiner Gesandten wartete, ließ er de Tournon unter Hausarrest stellen. In der Haft ereilte den Prälaten der Tod.

Bis zur Veröffentlichung der Apostolischen Konstitution *Ex illa die* durch Klemens XI. im Jahre 1715 und ihrer endgültigen Bestätigung durch die Apostolische Konstitution Benedikts XIV. *Ex quo singulari* (1742) wurde dann die ganze Sache ziemlich lässig behandelt und immer wieder aufgeschoben.

Von 1742 ab mußten alle Missionare, die in den Fernen Osten abreisten, einen Eid ablegen, daß sie sich an die Bestimmungen der Apostolischen Konstitution *Ex quo singulari* halten werden. Dieser Maßnahme entsprach auf chinesischer Seite die Einführung des piao, einer Art Aufenthaltsgenehmigung, die nur den Missionaren ausgestellt wurde, die sich zu einem dem Landesbrauch angepaßten Auftreten verpflichteten.

Damit waren die großen Hoffnungen, zu denen die Anfänge des Christentums in China berechtigten, für Jahrhunderte zunichte gemacht, und die Gemeinden der katholischen Chinesen waren zu einem Leben verurteilt, das sowohl von der übrigen christlichen Welt als auch vom Leben des eigenen Volkes abgeschnitten blieb.

Ohne Zweifel war auch der Kaiser K'ang-hi, der unter dem Einfluß seiner gelehrten Ratgeber und fremdenfeindlicher Nationalisten stand, ein wenig verstimmt über manche Ausländer, die oft mit wenig Sachkenntnis die Religion seiner Ahnen untersuchten, Einwände dagegen vorbrachten und von außen die Tätigkeit der Missionare bis ins einzelne bestimmen wollten, die er doch selbst nicht hergebeten hatte. Er hatte zwar den Aufenthalt dieser Ordensleute in seinem Reiche geduldet und sie sogar wohlwollend aufgenommen, wenn sie ihm, wie die Patres Ricci, Schall und Verbiest, das wertvolle Geschenk der abendländischen Wissenschaft anbieten konnten, aber die römischen Diplomaten fanden bei ihm wenig Zuneigung. Die Versteifung der Lage war aber auch für China unheilvoll: es zog sich auf sich selbst zurück, verschloß sich gegen das Abendland und verzögerte damit wesentlich seine eigene Entwicklung.

Gleichwohl hätte nicht viel daran gefehlt und der Kaiser, der die Pekinger Jesuiten sehr schätzte, wäre noch auf dem Sterbebett katholisch geworden. Wie aber sähe die Welt aus, wenn China nach 1722 das Christentum angenommen hätte?

Wir müssen noch erwähnen, daß um das Jahr 1620, als der Streit gerade begonnen hatte, die berühmte römische Kongregation für die Ausbreitung des Glaubens (*De propaganda fide*) gegründet wurde. In der ersten Zeit ihres Bestehens wollte sie die Missionsarbeit der Kirche stark zentralisieren, allgemeingültige Richtlinien aufstellen, ja, selbst die Lebensweise des Welt- und Ordensklerus in den Missionsländern vereinheitlichen und seine Haltung gegenüber der ein-

P. Matteo Ricci und der Mandarin Paul Siu

DEFENSE
DES
NOUVEAUX CHRESTIENS
ET DES
MISSIONNAIRES
de la Chine, du Japon, & des Indes.
Contre deux Livres intitulez
LA MORALE PRATIQUE
DES JESUITES,
ET
L'ESPRIT DE M. ARNAULD.
Par le P. Michel le TELLIER
A PARIS,
Chez ESTIENNE MICHALLET,
premier Imprimeur du Roy, ruë S. Jacques,
à l'Image S. Paul.
M. DC. LXXXVII.
Avec Approbation & Privilege de Sa Majesté.

heimischen Bevölkerung, ihren Bräuchen und ihrer Religion genau festlegen. Die Linie, die damals von der *Propaganda* vertreten wurde, war gekennzeichnet durch ein gewisses Mißtrauen gegen die natürlichen Mittel: der Missionar soll die Seelen allein durch die Kraft seiner Tugend und seines Gebetes gewinnen, indem er mehr auf die göttliche Gnade vertraut, als auf seine eigene Geschicklichkeit. Rund vierzig Jahre später (1663) bekam diese Auffassung durch die Gründung der Société des Missions Étrangères in Paris einen starken Auftrieb. Diese junge Gesellschaft übernahm nicht nur die Anweisungen der *Propaganda,* sondern gab ihnen auch mit der These, daß die Heiden samt und sonders dem Teufel verfallen seien, eine Art theologischen Unterbau, der nicht weit vom Augustinismus entfernt war: damit die Heiden gerettet werden, müssen sie völlig mit ihrem bisherigen Leben brechen; der Missionar soll dabei nur die Rolle des desinteressierten und fast neutralen Verkünders des reinen Evangeliums spielen, überhaupt nicht am Leben des Landes teilnehmen und niemals irgendeine weltliche Tätigkeit ausüben, auch nicht mit der Absicht, dadurch Bekehrungen zu erzielen.

Die Jesuiten lehnten diese Theorien scharf ab und versagten allen zentralistischen Bestrebungen ihre Unterstützung. Durch besondere Privilegien, die immer wieder erneuert wurden, besaß der General der Gesellschaft Jesu das Recht, seine Missionare nach eigenem Gutdünken auszusenden und sie unter seiner Jurisdiktion zu behalten.

Mehr noch als durch diese Unabhängigkeit war der Jesuitenorden durch seine im Geist des Ignatius vertretene Missionsauffassung Schwierigkeiten ausgesetzt, nicht nur von seiten der Missionare aus anderen Orden, sondern auch von seiten Roms. Die Jesuiten waren nämlich davon überzeugt, daß die natürlichen Mittel tatsächlich der Gnade das Feld bereiten können, und sie wandten sie an. Sie waren die ersten Sinologen; sie genossen in China als Astronomen und Mathematiker hohes Ansehen, und der berühmteste von ihnen, Pater

Ricci, hat durch seine Wissenschaft das Wohlwollen des chinesischen Kaisers gewonnen, das schließlich auch der Mission zugute kam.

Auf der anderen Seite glaubten die Jesuiten aber auch, die bescheidenen Fortschritte nicht vernachlässigen zu dürfen, welche die Nichtchristen auf dem Wege zum Glauben bereits gemacht hatten.

Von hier aus gesehen gewinnt der Ritenstreit eine neue Bedeutung, die weit über die Frage der reinen Zweckmäßigkeit und Anpassung durch Zugeständnisse hinausgeht.

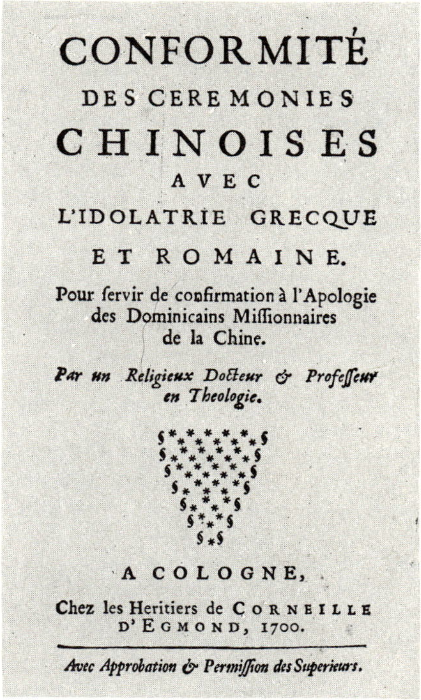

CONFORMITÉ
DES CEREMONIES
CHINOISES
AVEC
L'IDOLATRIE GRECQUE
ET ROMAINE.
Pour ſervir de confirmation à l'Apologie des Dominicains Miſſionnaires de la Chine.
Par un Religieux Docteur & Profeſſeur en Theologie.
A COLOGNE,
Chez les Heritiers de CORNEILLE D'EGMOND, 1700.
Avec Approbation & Permiſſion des Superieurs.

Denn wenn alles bei den Heiden zu verurteilen ist und nichts von ihren zuweilen recht hochstehenden religiösen Überzeugungen und überkommenen Bräuchen beibehalten werden darf, wie steht es dann mit der Glaubenswahrheit der Uroffenbarung? Soll man wirklich annehmen, die Wahrheiten, die Gott am Anfang seinen Geschöpfen mitgeteilt hat, seien so lange Zeit gänzlich vergessen gewesen? Wenn es aber bei den Heiden trotz mancher Irrtümer, Umbildungen und menschlicher Neuerungen überhaupt keinen Rest der Uroffenbarung mehr gibt, wie ist dann das zähe Weiterleben gewisser sittlicher Urteile und der ständig wiederholte Versuch, mit Gott in Verbindung zu treten, zu erklären? Wie wir sehen, führt die Behauptung vom «unbeschriebenen Blatt» der Heidenseele, wenn man sie in allen ihren Konsequenzen als Richtschnur für das praktische Leben ernst nimmt, in theologische Widersprüche.

Die Jesuiten blieben fraglos auch hier optimistisch und glaubten, alle Menschen zur christlichen Wahrheit führen zu können, bei denen der Sinn für das Religiöse noch nicht ganz erstorben war. So gab es denn auch in ihren Reihen viele Anhänger des «Figurismus», die in der uralten chinesischen Religion gewisse Ähnlichkeiten mit dem Alten, ja, selbst mit dem Neuen Testament zu entdecken glaubten. Mit viel mehr Berechtigung waren jedoch die meisten von ihnen jedenfalls der Ansicht, daß die chinesischen Riten frei von jeder religiösen Bedeutung waren, daß zum Beispiel die sogenannten Totenschreine nur Erinnerungszeichen waren und die Chinesen selbst nicht annahmen, die Seelen der von ihnen verehrten Ahnen seien in dem Holz eingeschlossen. Die Jesuiten hatten die Überzeugung, daß die Gaben, die man für die Verstorbenen auf den Schrein stellte, einen bürgerlichen Brauch, aber kein eigentliches Totenopfer darstellten. Vor allem aber vertraten sie die Meinung, daß alle diese Bräuche nur insofern abergläubisch waren, als man sie dafür hielt, und daß folglich die Aufgabe der Missionare darin bestand, den abergläubischen Gehalt durch einen anderen zu ersetzen. So hatten es die ersten Glaubensboten auch im Abendland gemacht, als sie den Kult der Erd- oder Muttergöttin durch die Verehrung der Gottesmutter ersetzten, wobei sie namentlich auf dem Lande sogar die Beibehaltung der alten Bilder duldeten.

Gerade diese Vorgänge im frühen Christentum wurden sorgfältig im Verlauf der Untersuchungen studiert, die der japanische Admiral Yamamoto, ein Katholik, um das Jahr 1920 angeregt hatte, damit die Ritenfrage endgültig geklärt und entschieden werde.

Doch die Zeiten hatten sich geändert. Bereits 1936 kam Rom den japanischen Katholiken entgegen, indem es nur noch die aktive Teilnahme an religiösen Zeremonien für unerlaubt erklärte. Aber auch die weltlichen Obrigkeiten gaben, ähnlich wie seinerzeit der Kaiser K'ang-hi, beruhigende Verlautbarungen heraus. So erklärte z. B. das Kultusministerium von Mandschukuo im Jahre 1935 ausdrücklich, daß die Ehrenbezeigungen für Konfuzius keinen religiösen Charakter besitzen. 1938 dehnte Pius XII. sein Entgegenkommen auf China, später auf Indien und schließlich sogar auf den Kongo aus, wo einige Totenriten Anlaß zu Schwierigkeiten gegeben hatten. Ein vom Papst in diesem Zusammenhang gebrauchtes Wort ist besonderer Beachtung wert: «Die Bräuche und die Einstellung der Menschen haben sich im Laufe der Jahrhunderte gewandelt.» Rom hat also gewartet, bis diese Wandlung vollzogen war. Aber hätte man sie nicht einer ungehinderten Ausbreitung des Christentums zuliebe beschleunigen können? Gewiß, damit war damals ein Risiko verbunden, das aber die Jesuiten gerne auf sich genommen hätten.

Der Jesuitenorden heute

Die Gesellschaft Jesu hat gegenwärtig (1961) mehr als 35 000 Mitglieder; sie wird an Mitgliederzahl nur noch von den Franziskanern (Minoriten, Kapuziner und Konventualen zusammengenommen) übertroffen. Nach dem Willen ihres Gründers widmet sie sich sehr verschiedenen Aufgaben, vor allem aber den Missionen, der Jugenderziehung und der außerordentlichen Seelsorge. Die Exerzitienbewegung hat gerade in unserer Zeit einen neuen Aufschwung genommen. Auch die geistige Arbeit der Jesuiten erstreckt sich auf viele Gebiete: sie geben Bücher und Zeitschriften heraus und nehmen an der wissenschaftlichen Forschung teil.

Der Nachwuchs ist gleichbleibend gut, in einigen Ländern, wie in den Vereinigten Staaten von Amerika, sogar außerordentlich stark.

In der Gesellschaft sind drei Gruppen von Mitgliedern zu unterscheiden: Die Professen haben außer den drei üblichen Ordensgelübden der Armut, der Keuschheit und des Gehorsams noch das vierte Gelübde des besonderen Gehorsams gegen den Papst abgelegt; sie bilden die «Societas professa». Die Geistlichen Koadjutoren hingegen legen nur die drei ersten Gelübde ab, ebenso die Weltlichen Koadjutoren (Laienbrüder), die aber mit den äußeren Arbeiten im Ordenshaus betraut sind. Die Scholastiker endlich bereiten sich nach ihrem Noviziat auf den endgültigen Eintritt in den Orden vor.

Nach einer verhältnismäßig kurzen Kandidatur ist der künftige Jesuit zwei Jahre lang Novize. Auch das gehört zur Eigenart der Gesellschaft; denn in den meisten anderen Orden dauert das Noviziat nur ein Jahr. Dafür legt der Jesuitennovize nach diesen zwei Jahren bereits die einfachen, aber ewigen Gelübde ab, während anderswo eine so schwere Verpflichtung erst nach einem längeren Zeitraum übernommen wird.

Dann kommt das zweijährige Juniorat; es dient dem Studium der Sprachen und anderer profaner Wissenschaften und schließt manchmal mit dem Erwerb eines Universitätsgrades ab.

Das sich daran anschließende Philosophie-Studium führt in einem dreijährigen Kurs zum Lizentiat der Philosophie.

Dieser ersten Studienzeit folgen gewöhnlich drei Jahre der Tätigkeit als Präfekt und Erzieher in einem Kolleg des Ordens.

Danach erst beginnt das vierjährige Theologie-Studium mit der Priesterweihe am Ende des dritten Jahres.

Doch die bis jetzt schon dreizehn Jahre währende Ausbildung ist erst nach dem abschließenden Dritten Probejahr (Terziat) beendet, worunter man ein weiteres Noviziatsjahr zu verstehen hat, das nach der langen Unterbrechung durch die Studien den beiden ersten Jahren hinzugefügt wird.

Die Einrichtung des Terziats ist sehr bezeichnend für die ignatianische Spiritualität: Ignatius wünschte, daß der Jesuit sich nach seinem Studium noch einmal *in den geistlichen und äußeren Dingen übe, die ihm weiterhelfen in der Demut und in der Aufgabe aller sinnlichen Neigungen, des eigenen Willens und des eigenen Urteils.* Das Dritte Probejahr, das Ignatius, die *schola affectus* («Schule des Herzens») nennt, soll nach ihm in verschiedenen Erprobungen bestehen; dazu gehören seit der Zeit des Generals Aquaviva vor allem die dreißigtägigen Exerzitien unter der Leitung eines Instruktors. Der bedeutendste Instruktor, den die Gesellschaft gehabt hat, war Pater Louis Lallemant (1587 – 1635). Von diesem Meister des Gebets stammt das Wort von der «zweiten Bekehrung». In ihr wendet sich der Mensch, der sich schon bei der ersten Bekehrung, dem Ordenseintritt, Gott hingeschenkt hat, ganz dem Streben nach Vollkommenheit zu. Der Jesuit, der ins Terziat kommt, ist gerade in dem für einen neuen Beginn geeigneten Alter: jetzt soll seine reiche religiöse

Erfahrung ihn dazu bringen, daß er vom gewohnheitsmäßigen Tun zu einer höheren Stufe des geistlichen Lebens voranschreitet. Auch dieser von P. Lallemant empfohlene neue Anlauf zur Hochherzigkeit liegt genau auf der von Ignatius vorgezeichneten Linie.

Nach fünfzehn Jahren der Vorbereitung tritt der Jesuit in eine streng hierarchisch aufgebaute Gemeinschaft ein. An ihrer Spitze steht der *Praepositus generalis.* Dieser Titel wird aber meist in der Abkürzung «General» gebraucht, ähnlich wie ja auch im 14. Jahrhundert der capitain général bei den Soldaten zu dem einfachen général geworden ist. Das Wort «Jesuitengeneral» gefällt daher besonders denen, die im Jesuitenorden eine schlagkräftige und wohlgeordnete Armee sehen wollen.

Der General wird von der Generalkongregation auf Lebenszeit gewählt. Sie hat auch das Recht, ihn abzusetzen, was sie jedoch niemals getan hat. Zur Generalkongregation gehören die etwa 80 Provinzialoberen des Ordens und zwei weitere Patres aus jeder Provinz, die eigens zu diesem Zweck gewählt werden.

Die Befugnisse des Generals reichen sehr weit: er ist wirklich ein Monarch. Wenn es sich auch um eine Wahlmonarchie handelt, so muß man sich doch vor falschen Schlüssen hüten: die Wähler selbst sind nämlich nicht einfach die Vertreter einer Masse. Denn die Provinziäle werden ja nicht gewählt, sondern vom General bestimmt, und die Provinzialkongregation, die die beiden anderen Wahlmänner wählt, stellt schon in sich eine Auswahl dar. Sie zählt etwa 40 bis 50 Mitglieder, darunter von Rechts wegen den Provinzial und die örtlichen Oberen, die alle vom General ernannt sind. Zwei Drittel der Provinzialkongregation müssen Professen sein.

Gleichwohl ist die Regierungsweise des Generals nicht die einer unumschränkten Alleinherrschaft. Zusammen mit ihm wählt nämlich die Generalkongregation noch zehn Assistenten für die großen Verbreitungsgebiete des Ordens, d. h. je einen für Italien, Deutschland, Frankreich, Spanien, England, Nord-, Süd- und Mittelamerika, die slavischen Länder sowie für Indien und Ostasien. Dazu kommt noch der zuweilen aus der Reihe der Assistenten gewählte Admonitor. Er muß den General an seine Aufgaben und Pflichten erinnern und ihm gegebenenfalls einen Tadel aussprechen, wenn das von wenigstens der Hälfte der Assistenten verlangt wird.

Eine weitere Versammlung, die aus dem General, den Assistenten und aus je einem Prokurator für jede Provinz besteht, der von der Provinzialkongregation gewählt wird, muß vier Jahre nach der Generalkongregation und darauf alle drei Jahre zusammentreten. Die wichtigste Aufgabe dieser Prokuratorenkongregation ist die Entscheidung darüber, ob eine Generalkongregation einberufen werden soll. Aber sie hat von diesem Recht kaum einmal Gebrauch gemacht; in den allermeisten Fällen regte der General selbst die Einberufung einer Generalkongregation an.

Vom Jahre 1558, in dem Lainez zum Nachfolger des Ignatius gewählt wurde, bis heute trat die Generalkongregation nur 31mal zusammen, davon 22mal zur Wahl eines neuen Generals, siebenmal auf Veranlassung des Generals oder Papstes und nur einmal auf Verlangen der Prokuratorenkongregation.

Die Regierungsgewalt in den einzelnen Ordensprovinzen liegt beim Provinzial, der auf drei Jahre ernannt wird. Sein Auftrag kann erneuert werden, aber die «Satzungen» geben den Rat, nicht allzu lange dieselben Männer in leitenden Stellungen zu belassen. Bei der Ernennung der Provinziäle kann der General nicht willkürlich vorangehen, sondern muß zunächst die Provinzkonsultoren befragen, die ihm drei Namen einreichen. Meistens fällt seine Wahl auf eine dieser Persönlichkeiten. Will er aber einen anderen Pater bestimmen, muß er zuvor den Konsultoren nahelegen, daß sie dessen Namen in eine neue Dreierliste einsetzen. Der Provinzial geht bei der Ernennung der Hausoberen in derselben, für die Gesellschaft charakteristischen Weise voran und legt dem General ebenfalls eine *terna* vor.

Der Provinzial besitzt ausgedehnte Vollmachten, muß aber jeden Monat seine drei Konsultoren anhören, die von ihm ausgewählt, aber vom General ernannt sind.

In all dem erkennt man den stark zentralistischen Aufbau der Gesellschaft. Keine wichtige Sache entzieht sich der Kontrolle des Generals. Eine einzige Gewalt herrscht, wenn auch über Mittelspersonen, auf sämtlichen Stufen der Hierarchie.

Dieser Wesenzug des Ordens tritt noch auffälliger hervor, wenn man die «Satzungen» der Gesellschaft Jesu mit den Regeln anderer Orden, z. B. der Dominikaner, vergleicht[1]. Dort ist die Regierungsform demokratisch; denn nicht nur der Generalmagister wird vom Generalkapitel, sondern auch die Oberen in den Provinzen und einzelnen Klöstern werden von dem betreffenden Kapitel gewählt. Das Provinzialkapitel kann sogar den Provinzial schon nach zwei Jahren, also mitten in seiner Amtszeit, abberufen.

Wollte man diese Unterschiede noch stärker unterstreichen, müßte man näher auf die wichtige Rolle eingehen, die das Kapitel überhaupt im Dominikanerorden spielt, während eine derartige Einrichtung bei den Jesuiten vollkommen unbekannt ist. Aber eine solche Betonung der Gegensätze wird der Wirklichkeit nicht gerecht. Denn wie die demokratische Regierungsform der Dominikaner infolge gewisser Einschränkungen bei der Auswahl der Kapitelmitglieder und Oberen recht gemäßigt ist und nur im weiteren Sinne eine Demokratie genannt werden kann, so ist auch die Regierungsgewalt des Jesuitengenerals, die scheinbar nur von seinem eigenen Ermessen abhängt, eingeschränkt durch die Rechte seiner Assistenten und der Prokuratorenkongregation. Die ganze Macht in dieser Wahlmonarchie stützt sich eigentlich auf die Aristokratie der *apti ad gubernationem*, d. h. der Ordensleute, die für eine leitende Aufgabe ge-

---

1 Vgl. L. Moulin, «Les formes du gouvernement local dans les ordres religieux». Bruxelles 1956

eignet sind, und aus deren Mitte auch die örtlichen Oberen ausgewählt werden.

Eine derartige Aristokratie ist nicht den Zufälligkeiten einer Wahl ausgesetzt. Sie ist aber auch nicht starr und unveränderlich. Denn ein Pater kann für immer aus der Liste der *apti ad gubernationem* gestrichen werden, ohne daß seine sonstigen Fähigkeiten dadurch in Zweifel gestellt werden: ihm wird lediglich eine Verantwortung genommen, für die er offenbar nicht geschaffen ist.

In der Verfassung der Gesellschaft Jesu lebt der Geist des Ignatius weiter. Möglicherweise hatte der Nachkomme der Herren von Loyola eine Vorliebe für die aristokratische Regierungsform, viel wahrscheinlicher jedoch erkannte er darin eine Kraft, die die Einheit des Ordens Jahrhunderte hindurch verbürgen konnte. Er hat sich darin jedenfalls nicht getäuscht; denn auch die Verfassungsrechtler erkennen diese Wirkung seines Systems an. Aber es hätte sie nicht gehabt

Im fernen Osten hat P. Teilhard de Chardin nach dem Beispiel Franz Xavers, Nobilis und Riccis als Mann der Wissenschaft und des Gebetes das ignatianische Ideal verwirklicht: die Verbindung des beschaulichen und des tätigen Lebens

ohne die innere Bereitschaft zum Dienen bei jedem einzelnen Mitglied der Gemeinschaft. Ignatius empfahl ihnen die *unio animorum*, «die Einheit der Herzen». *Alle sollen alles tun dürfen zum Wohl der Gemeinschaft*, sagt er anderswo, und selbst die ganz allgemeine Bemerkung *ad aedificationem*, «zur Erbauung», die häufig vorkommt, hat diesen tiefen geistlichen Sinn.

Schließlich müssen wir auch die Verbindung von Liebe und wohlwollender Strenge beachten, durch die sich die Regierungsweise des ersten Ordensgenerals Ignatius auszeichnete und die auf die Zeitgenossen einen unauslöschlichen Eindruck machte. Es war ganz sicher sein Wunsch, daß auch die Regierungsweise seiner Nachfolger diese hervorragende Ausgeglichenheit besitze, vor allem aber jene *discreta caritas* («die Liebe, die zu unterscheiden versteht»), die er selbst für eine große Tugend hielt. Das eigentliche Geheimnis der Jesuiten liegt in der brüderlichen Liebe, die sie zusammenschließt und ihnen die Kraft für ihr gemeinsames Arbeiten, Kämpfen und Dulden verleiht.

Doch, von außen gesehen, hat der Orden etwas Beunruhigendes, und es fehlt auch nicht an wohlwollenden Leuten, denen diese Männer verdächtig sind, weil sie sich in fünfzehn Jahren ihres Lebens auf den vollkommenen Gehorsam vorbereiten: Welch furchtbare Waffe in der Hand eines Oberen! Ihre Einigkeit wird als gefährlicher Korpsgeist verschrieen, und es gilt als sicher, daß der Jesuit, so gewiß er sich zur persönlichen Demut verpflichtet hat, in Sachen seines Ordens nicht zur Demut und Bescheidenheit verpflichtet ist ...

Dann spricht man von der Macht der Jesuiten: sie regieren die Kirche, ja, die ganze Welt ... Andere meinen, das täten die Juden – oder die Freimaurer. Solche Dogmen genügen eben vielen Gemütern, weil sie unbedingt eine Erklärung haben wollen, die zugleich einfach ist und sich überall anbringen läßt.

Dürfen wir solche Torheiten mit einem einfachen Achselzucken beantworten oder sollen wir ihnen die unverdiente Ehre einer Widerlegung zuteil werden lassen? Vielleicht ist es angebrachter, nach dem Grund dieser Abneigung zu forschen, die das zweifelhafte Vorrecht der Gesellschaft vor den anderen Orden zu sein scheint[1]. Wie wir oben klarzumachen versucht haben, daß die Treue zu sich selbst die Gesellschaft in Gefahren gebracht hat, so müssen wir auch jetzt in der Eigenart des Ordens zwar nicht die Rechtfertigung der gegen ihn

---

1 Als bezeichnendes Beispiel für diese haßerfüllte Einstellung mag der ungewöhnliche Erfolg gelten, den bis heute eine üble Hetzschrift aus dem Jahre 1614 genießt: Die «Monita secreta», d. h. «Geheimanweisungen» (der Jesuitenoberen an ihre Untergebenen) sind eine Sammlung von haarsträubenden Befehlen. Einige davon betreffen z. B. das gegenüber reichen Witwen einzuschlagende Verfahren. Von ihnen werde man, so heißt es dort, die Überlassung ihrer Güter an den Orden erreichen, wenn man ihnen die spätere Heiligsprechung in Aussicht stelle. Wir wissen heute, daß die «Monita secreta» das Werk des polnischen Jesuiten Zahorowski sind, der aus dem Orden entlassen wurde und sich dafür mit diesem Buch rächte, es aber

gerichteten Feindschaft, aber wenigstens eine Entschuldigung für die suchen, die guten Glaubens an seinem äußeren Verhalten Anstoß nehmen, ohne den religiösen Geist zu kennen oder zu verstehen, von dem das äußere Verhalten der einzelnen nur ein mehr oder weniger getreues Abbild darstellt.

Ohne Frage ist der ideale Jesuit, wie er Ignatius vorgeschwebt hat, ein Mann, der für seine Person das harmonische Gleichgewicht des asketischen, mystischen und apostolisch tätigen Lebens erreichen muß. Er darf weder der Askese noch dem Gebet noch der Arbeit einseitig den Vorzug geben. Wenn er sein asketisches Streben überspitzt, läuft er Gefahr, seine Kräfte aufzureiben und sich damit für die ihm übertragenen Aufgaben unbrauchbar zu machen. Sucht er nur das Gebet, entfernt er sich gleichfalls von seinem Ideal. Er darf weder die Arbeit über alles stellen, indem er die Askese als Hindernis der Arbeit betrachtet und sich um des größeren Erfolges willen davon frei macht, noch das Gebet vernachlässigen und aus Freude am Erfolg und aus Seeleneifer als überflüssig ansehen. Denn selbst die dem Gottesreich geweihte Arbeit bringt eine doppelte Gefahr mit sich, die in ihrer scheinbaren Widersprüchlichkeit nur aus dem Geheimnis der Erbsünde erklärt werden kann: Die Arbeit kann nämlich unseren Willen überbetonen gegenüber der göttlichen Gnade und uns vorspiegeln, er schaffe alles allein; auf der anderen Seite kann die Arbeit leicht zum Selbstzweck werden, der alles andere als Mittel in seinen Dienst nimmt. Diese Spannungen gilt es auszuhalten, und gerade hier erweist sich deutlich die Wahrheit des lateinischen Sprichwortes *Corruptio optimi pessima*: «Das Versagen der Besten ist das Allerschlimmste.»

---

später widerrufen hat und, mit seinen ehemaligen Lehrern ausgesöhnt, gestorben ist. Obwohl die ernste Wissenschaft die «Monita secreta» als ganz gewöhnliche Fälschung erwiesen hat, glauben noch viele Leute felsenfest an ihre Echtheit. Man denkt an das scharfe Wort von P. Boyle, dem Verfasser des berühmten «Dictionnaire historique et critique», der in dem Artikel «Loyola» (Amsterdam 1740, S. 144) schreibt: «Dem Jesuitenorden ist es genauso ergangen wie Catilina: Man überhäufte ihn mit Anschuldigungen, ohne den geringsten Beweis zu haben. Aber man bediente sich eben des allgemeinen Schlusses: Da er so etwas getan hat, war er auch fähig, dieses und jenes zu tun; also ist es klar, daß er auch alles übrige getan hat.»

ZEITTAFEL

	Ignatius	Kirchengeschichte	Profangeschichte
491	Ignatius von Loyola geboren		
492		Papst Alexander VI.	Christoph Columbus entdeckt Amerika
497			Vasco da Gama umfährt das Kap der Guten Hoffnung und entdeckt den Seeweg nach Indien
503		Papst Julius II.	
506	Im Dienst von Juan Velasquez de Cueller (zu Arevalo)		
512		Beginn des V. Laterankonzils	
513		Papst Leo X.	
515	Der Vorfall von Azpeitia. Flucht nach Pamplona		Franz I. König von Frankreich
516			Herrschaft des Kardinals Jiménez. — Karl V. König von Spanien
517	Im Dienst des Herzogs Antonio Manrique de Lara (zu Najera)	Luther in Wittenberg	
19		Zwingli predigt in Genf	Karl V. zum deutschen Kaiser gewählt
20		Luther bricht mit Rom. Bulle Leos X. *Exsurge Domine*	
21	Belagerung von Pamplona Juni: Bekehrung	Luther auf der Wartburg. Reichstag von Worms	Johann III. König von Portugal
22	Wallfahrt nach Aranzazu und zum Montserrat. Aufenthalt in Manresa	Papst Hadrian VI.	
23	Wallfahrt nach Jerusalem	Papst Klemens VII.	
24	Februar: Ankunft in Barcelona		
25	Studien in Barcelona		
26	In Alcalá de Henares		1. Reichstag zu Speyer

	Ignatius	Kirchengeschichte	Profangeschichte
1527	In Salamanca		
1528	Februar: Ankunft in Paris. Eintritt in das Kolleg Montaigu		Der Florentiner Venezzano umsegelt die Küsten Amerikas
1529	September: Übersiedlung in das Kolleg der hl. Barbara. Reise nach Flandern und nach Rouen		2. Reichstag zu Speyer
1530	Zweite Reise nach Flandern	Augsburger Konfession	
1531	Dritte Reise nach Flandern. Reise nach London	Heinrich VIII. von England bricht mit Rom Der Schmalkaldische Bund	Pizzaro erobert Peru. Wahl Ferdinands zum König der Römer
1532	Baccalaureus artium		Franz I. verbündet sich mit den protestantischen deutschen Fürsten
1533	Magister artium		
1534	15. August: Gelübde auf dem Montmartre	Papst Paul III.	
1535	April: Abreise von Paris. Aufenthalt in Azpeitia November: Abreise von Valencia nach Venedig	Erlaß Franz' I. zur Bekämpfung der Protestanten	
1536	In Venedig	Calvin veröffentlicht in Basel die lateinische Fassung der «Institutio religionis christianae»	
1537	Die Gefährten treffen in Venedig ein		
1538	Arbeiten in Rom 25. Dezember: 1. Meßopfer des Ignatius		
1539	Ausarbeitung der *Formula Instituti* und Schritte zu ihrer Bestätigung durch den Hl. Stuhl		
1540	Die Bulle *Regimini militantis Ecclesiae* Peter Faber: Der erste Jesuit auf deutschem Boden Abreise Franz Xavers nach Indien		

	Ignatius	Kirchengeschichte	Profangeschichte
1541	April: Wahl zum ersten General	Calvin veröffentlicht in Genf die «Institutio» auf französisch	
1542	Ignatius erlangt ein Breve für die bekehrten Juden		Die Portugiesen in Japan
1543	Er erlangt eine Bulle, die ihn zur Errichtung eines Hauses für die Katechumenen berechtigt		
1544	Eröffnung des St.-Martha-Heimes für die Büßerinnen Bulle Pauls III. *Iniunctum nobis*		
1545		Beginn des Konzils von Trient	
1546	Peter Faber stirbt in Rom. Franz Borgia erhält die Aufnahme in die Gesellschaft	18. Februar: Luthers Tod	
1547	Polanco wird Sekretär der Gesellschaft. Errichtung der Universität Gandia		Sieg Karls V. bei Mühlberg. Heinrich II. König von Frankreich
1548	Juli: Bestätigung der *Geistlichen Übungen* durch Paul III.		
1549	Die Indische Ordensprovinz wird errichtet, mit Franz Xaver als erstem Provinzial		
1550	Bulle Julius' III. *Exposcit debitum* (Bestätigung der Gesellschaft Jesu)	Papst Julius III.	
1551	Die Professen treten zur Prüfung der *Satzungen* zusammen		
1552	Tod des Franz Xaver Julius III. berechtigt durch eine Bulle die Gesellschaft zur Verleihung der akademischen Grade	Unterbrechung des Konzils von Trient	
1553	Errichtung der Brasilianischen Ordensprovinz	Michael Servet wird in Genf verbrannt	Maria Tudor Königin von England

	Ignatius	Kirchengeschichte	Profangeschichte
1554	Ernennung des P. Hieronymus Nadal zum Generalvikar der Gesellschaft. Errichtung der kastilischen, aragonischen und bätischen Ordensprovinz in Spanien		Maria Tudor heiratet Philipp II. von Spanien
1555	Errichtung der französischen Ordensprovinz Eröffnung des Collegium Germanicum in Rom	April: Papst Marcellus II. Mai: Papst Paul IV.	Religionsfriede von Augsburg
1556	7. Juli: Errichtung der Oberdeutschen und Niederdeutschen Ordensprovinz 31. Juli: Tod des Ignatius von Loyola		Abdankung Karls V.
1609	3. Dezember: Seligsprechung durch Paul V.		
1622	12. März: Heiligsprechung durch Gregor XV		
1922		25. Juli: Pius XI. erklärt in der Bulle *Summorum Pontificum* den hl. Ignatius von Loyola zum «Patron der geistlichen Exerzitien»	

Von Geld ist die Rede, von wem noch?

Es gab nur wenige Philosophen …

. . . die so getreu ihren Idealen lebten wie der Mann, von dem hier die Rede sein soll. In einem seiner Werke schrieb er: «Reichtum, Ehre und Sinnenlust – durch diese drei Dinge wird der Geist so zerstreut, daß er am allerwenigsten an ein anderes Gut denken kann.» Folgerichtig lehnte er derlei, was «bei den Menschen als das höchste Gut geschätzt» werde, für sich stets ab. Schon als Zweiundzwanzigjähriger zeigte er solchen Edelmut: Nach dem Tod des Vaters, eines Import-Export-Händlers, machte man ihm, dem ältesten Sohn, die Erbschaft streitig. Er prozessierte, gewann – und verzichtete aufs Erbteil.

Fortan war er gezwungen, für seinen Lebensunterhalt selbst aufzukommen. Er verdiente das Nötigste, indem er Linsen für Brillen und optische Geräte schliff. Zuwendungen von Freunden reduzierte er, wenn sie ihm zu groß erschienen. Ein Beispiel: Als jemand ihn zum Universalerben einsetzen wollte, lehnte er es ab. Als der Gönner gestorben war, fand sich im Testament der Passus, dem Philosophen sei auf Lebenszeit eine Rente von 500 Gulden zu zahlen. Er nahm nur unter der Bedingung an, daß der Betrag auf 300 Gulden herabgesetzt werde. Mehr brauchte er nicht, und mehr wollte er nicht.

Seine Vorfahren waren spanischer Herkunft, und sein Name erinnert an das spanische Wort für Dorn. Deshalb trug sein Siegel neben dem Motto «Caute» eine dornige Rose. Er starb 1677 im Haag. Von wem war die Rede?

(Alphabetische Lösung: 19-16-9-14-15-26-1)

ZEUGNISSE

Franz Coster aus Köln

Vorgestern habe ich zum erstenmal den hochwürdigen Vater Ignatius mit unbeschreiblicher Freude und Begierde gesehen. Ich konnte mich gar nicht satt an ihm sehen. Denn sein Antlitz ist so, daß man ihn nicht genug anschauen kann. Der Greis ging auf einen Stock gestützt im Garten. Aus seinem Gesicht leuchtete die Frömmigkeit. Er ist sanft, freundlich und liebenswürdig, so daß er mit Gelehrt und Ungelehrt, mit Groß und Klein sich gleichermaßen unterhält: Ein Mann allen Lobes und aller Verehrung würdig.

In einem Brief aus Rom. 1553

Pedro de Ribadeneira

Da der heilige Vater gegen alle seine Söhne so liebevoll war, bezeigten auch sie hinwiederum sich als gehorsame Söhne und schenkten ihm ihr ganzes Herz, auf daß er über sie und alles, was sie anging, beliebig und rückhaltlos verfüge.

Seine Liebe zu ihnen machte ihn nicht bloß zum Vater und Meister, sondern auch zum Herrn seiner Untergebenen. Er war so besorgt um ihre Wohlfahrt, daß sie selbst gar nicht an sich dachten, sondern ohne Rücksicht auf ihre Gesundheit bis zur Erschöpfung arbeiteten; wußten sie doch, wie sehr der Vater auf die Erhaltung ihrer Gesundheit bedacht war und daß er reichlich für alles sorgte, dessen sie bedurften. Und es bestand gleichsam ein heiliger Wettstreit zwischen dem Vater und seinen Söhnen. Die Söhne wünschten, Lasten auf sich zu nehmen, die über ihre Kräfte gingen, der Vater suchte selbst die ihnen angemessene Last noch zu erleichtern; die Söhne kamen ihm entgegen durch Ehrfurcht und Gehorsam, der Vater aber sorgte für sie mit einer so zärtlichen Liebe, daß man es in Worten gar nicht aussprechen kann.

De ratione, quam in gubernando tenebat Ignatius. 1570

Leopold von Ranke

Luther gelangte zu der Lehre von der Versöhnung durch Christum ohne alle Werke; von diesem Punkte aus verstand er erst die Schrift, auf die er sich gewaltig stützte. Von Loyola finden wir nicht, daß er in der Schrift geforscht, daß der Glaubenssatz auf ihn Eindruck gemacht habe. Da er nur in inneren Regungen lebte, in Gedanken, die in ihm selbst entsprangen, so glaubte er die Eingebung bald des guten, bald des bösen Geistes zu erfahren. Endlich ward er sich ihres

Unterschiedes bewußt ... Er glaubte mit Händen zu greifen, daß alle seine Peinen Anfechtungen des Satans seien. Er entschloß sich von Stund an, über sein ganzes vergangenes Leben abzuschließen, diese Wunden nicht weiter aufzureißen, sie niemals wieder zu berühren. Es ist dies nicht sowohl eine Beruhigung als ein Entschluß. Mehr eine Annahme, die man ergreift, weil man will, als eine Überzeugung, der man sich unterwerfen muß. Sie bedarf der Schrift nicht, sie beruht auf dem Gefühle eines unmittelbaren Zusammenhanges mit dem Reiche der Geister. Luther hätte sie niemals genug getan: Luther wollte keine Eingebung, keine Gesichte, er hielt sie alle ohne Unterschied für verwerflich; er wollte nur das einfache, geschriebene, unzweifelhafte Gotteswort. Loyola dagegen lebte ganz in Vorstellungen und inneren Anschauungen. Am meisten vom Christentum schien ihm eine Alte zu verstehen, welche ihm in seinen Qualen gesagt, Christus müsse ihm noch erscheinen.

Die römischen Päpste im 16. und 17. Jahrhundert, I. 1834

REINHOLD SCHNEIDER

Mächtig wie Iñigos Verstand, der das in versunkenem Gebet Empfangene in reine Formen umbildete und dadurch mitteilbar machte, war sein Verlangen nach Anschauung: das wenige, was er aus der sinnlichen Welt herübernahm in sein Glaubensleben, mußte gegenständlich sein, wenn es verpflichten sollte. Vielleicht beruhte gerade in dieser Gleichzeitigkeit und Zweiseitigkeit, in der Fähigkeit, dem Überirdischen und zugleich dem Irdischen gerecht zu werden, die besondere Stärke seines Geistes: von der Mitte aus, in der er unerschütterlich stand, geleitet von dem Bilde wahrer Ordnung, vermochte er das Irdische in seiner ganzen folgenschweren Beziehung zum Überirdischen zu erkennen und einzusetzen. Aber diese Fähigkeit war nur eine Gabe seiner Einfachheit: er glaubte und wollte dienen; er hatte den Himmel erkannt und wollte auf der Erde mit allen ihm verliehenen Kräften wirken; und er suchte genau die Stelle einzunehmen, die ihm zugewiesen war ...

Er tat keinen Schritt, ohne im Gebet und durch Gnade festen Boden gewonnen zu haben. Und doch tat er auch keinen Schritt, ohne daß der Verstand ihn billigte. Ekstase und Nüchternheit wirkten auf eine wunderbare Weise zusammen; sie schließen sich ja nicht aus, wenn es sich darum handelt, daß ein ganzer Mensch mit allen seinen Kräften seinem Auftrag dient. Unerläßlich ist ihr Zusammenwirken auf dem Gebiete der Kunst, unerläßlich im Raum der Kirche. Des Heiligen Wesen war nicht widersprüchlich, sondern ganz einfach; die Ordnung von oben her schloß alle seine Kräfte zusammen.

Gelebtes Wort. 1940

WALTER DIRKS

(Ignatius und die Jesuiten) begriffen genau, welche Bedeutung in der Gesellschaft der freien Individuen die Eliten haben, sowohl die alten noch privilegierten als auch die neuen, die sich schon im freien Spiel der Kräfte zu bilden begannen. Der noch herrschende Stand wurde bereits in seiner neuen Funktion gesehen: als mögliche privilegierte Elite, und der Blick war ebenso auf die neuen überhaupt nicht mehr ständischen Eliten gerichtet . . .

Die «Elite» ist der bürgerlichen Demokratie zugeordnet, und trotz aller Barock-Fassaden und Prinzenerziehungen gehört die Societas Jesu diesem Zeitalter an, und zwar seiner klassischen Phase. (Die Massen-Demokratie und das Proletariat liegen noch nicht im Blick des Ordens.) Das barocke Äußere darf uns hier ebensowenig täuschen, wie uns das mittelalterliche Äußere beim Franziskanismus und das spätantike beim heiligen Benedikt täuschen durfte: die Heiligen dieser Art sehen die Zukunft voraus und nehmen sie vorweg.

Beim heiligen Ignatius selbst ist diese Modernität um so auffälliger, als er – genau wie der junge Franziskus – in der ersten Phase seiner Umwandlung romantisch und reaktionär empfand: den Troubadours und provenzalischen Rittern des Franziskus entsprechen die ritterlich-soldatischen Träume auf dem Krankenbett in Manresa und die ersten tastenden Versuche, sich ganz dem neuerwählten Herrn zu weihen und für ihn zu streiten. Die Radikalität der Hingabe erst machte dann den Heiligen und seine Gefährten zu Realisten und damit zu «modernen» Christen.

Die Antwort der Mönche. 1952

WALTER NIGG

Wer dem wirklichen Ignatius begegnen will, erhebe wie er die Augen lange Zeit zum nächtlichen Himmel, dann treffen sich die Blicke am höchsten Ziele, von dem aus der letzte große Ordensstifter begreifbar wird. Allein von diesem gemeinsamen Himmelspunkt aus kann es zu jenem metaphysischen Verstehen kommen, das alle Verschiedenheit der irdischen Meinungen überbrückt. Selbstverständlich gehört diese «Geschichtsmethode» in das Gebiet der «Unwissenschaftlichen Nachschrift», wie Kierkegaard dieses Vorgehen nannte. Trotz seiner Anstößigkeit ist es wahrscheinlich der einzige Weg, der ins Innere dieses unergründlichen Menschen führt. Diese Bemühung besitzt den einen, entscheidenden Vorzug, auf eine religiöse Fragestellung auch eine religiöse Antwort zu geben. Alle anderen Versuche, sich Ignatius' zu bemächtigen, bleiben in den Außenbezirken hängen . . .

Als das überbordende Freiheitsverlangen der Renaissance zu einer Auflösung der christlichen Lebenshaltung überhaupt führte, hat Ignatius in einer neuen Bindung die Rettung des Abendlandes gesehen.

Den zersetzenden Bestrebungen konnte nur durch eine neue Form Einhalt geboten werden. Ignatius gehört zu den Gestaltern der Christenheit und nicht zu den sie unterminierenden Revolutionären. Er eroberte mit seinem «Fähnlein Christi» die nach allen Seiten entfliehenden Formkräfte zurück und vollbrachte dieses bedeutende Werk durch einige wenige Gedanken, die er mit eiserner Energie bis zum Ende durchführte.

Vom Geheimnis der Mönche. 1953

Heinrich Boehmer

Die letzte Ursache und stärkste Triebkraft seiner Produktivität aber waren drei Eigenschaften, die sehr selten in einem Individuum sich zusammenfinden: eine durch methodische Schulung fast ins Übermenschliche gesteigerte Willenskraft, ein ganz aufs Praktische gerichteter, aber der schärfsten Konzentration und Penetration fähiger Verstand und endlich die in eiserner Selbstzucht erworbene Fähigkeit, das eigene Ich bis zum letzten Hauche den Idealen zu opfern, an die es glaubt.

Ignatius von Loyola (herausgegeben von Hans Leube). 1941

Der Erfolg der Lebensarbeit Loyolas erscheint sonach weder als ein Wunder noch als ein Zufall. Er mutete nicht wie Luther den Zeitgenossen einen vollständigen Bruch mit altgewohnten Anschauungen, Überzeugungen und Bräuchen zu und bot ihnen doch auch etwas ganz Neues: nämlich eine Seelenkur, durch die sicher erreicht zu werden schien, was die humanistischen Moralisten als Ideal predigten, und in Verbindung damit eine zwar streng kirchliche, aber dennoch innerlich gerichtete und in ihren Grundgedanken ihnen ohne weiteres verständliche Frömmigkeit. Wo der katholische Glaube noch nicht völlig erloschen war, konnten die Jesuiten daher später überall in weitem Maße auf die Sympathie insbesondere der gebildeten Kreise und damit zugleich auf einen festen Rückhalt für ihre Arbeit an den Massen rechnen.

Die Jesuiten (herausgegeben von Kurt Dietrich Schmidt). 1957

Karl Eder

Das Metall im Charakter des baskischen Edelmannes, die Blickweite des seevertrauten Mittelmeermenschen, die abwägende Vernunft des an der Pariser Sorbonne Geschulten und der durch die zwei Brennpunkte katholischen Lebens, Jerusalem und Rom, beherrschend gewordene Apostolatsdrang sind im Gesamtbild Loyolas ebenso deutlich erkennbare Elemente, wie das Letzte dieser Persönlichkeit ein unanalysierbares Geheimnis darstellt. Es war ein Riesenunterfangen, das nämliche Rom, in dem er lebte und an das er glaubte, reformieren zu wollen, als ein neues Mitglied der Ordensfamilie der Kirche ungern gesehen, offen bekämpft und lange Zeit scharf kritisiert, mit anderen Helfern den alten Orden den Geist der Reform vermitteln zu wollen, im Zeitalter des heraufziehenden konfessionellen Absolutismus gegenüber dem Fürstenwillen das Gewissen des einzelnen Christenmenschen zu stärken, neben der unablässigen Sorge um die Verbesserung des äußeren Kirchenwesens den inneren Gehalt katholischer Frömmigkeit zu heben und endlich die eigene Gesellschaft auszubauen und zusammenzuhalten.

Die katholische Erneuerung. In: Historia mundi, Bd. VII. 1957

BIBLIOGRAPHIE

Allen Anforderungen wissenschaftlicher Arbeit genügt die «Bibliographie ignatienne», herausgegeben von J.-F. GILMONT und P. DALMAN (Paris-Löwen 1958), die alle seit 1894 erschienenen Werke über Ignatius von Loyola und seine Spiritualität verzeichnet. Sie enthält etwa 2900 Titel und bietet außerdem eine Zusammenstellung aller früher erschienenen Bibliographien zu diesem Gegenstand. Um einen ersten Einblick zu gewinnen, genügen die im folgenden aufgeführten Werke.

1. Bibliographische Hilfsmittel

Archivum historicum Societatis Jesu. Romae 1932 ff

BANGERT, WILLIAM V.: A bibliographical essay of the Society of Jesus: books in English. St. Louis 1976 (Study aids on Jesuit topics. 6)

GILMONT, JEAN-FRANÇOIS, und PAUL DALMAN: Bibliographie ignatienne. Paris-Löwen 1958

IPARRAGUIRRE, IGNACIO: Contemporary trends in studies on the constitutions of the Society of Jesus. Annot. bibliographical orientations. St. Louis 1974 (Studies on Jesuit topics. 1)

The Jesuits. Roma 1960/61 ff

JUAMBLEZ, JESUS: Index bibliographicus Societatis Jesu. Roma 1938 ff

KOCH, LUDWIG: Jesuitenlexikon. Paderborn 1934. Nachdr. m. Ber. u. Ergänz. Bd. 1–2. Löwen-Heverlee 1962

POLGÁR, LÁSZLÓ: Bibliography of the history of the Society of Jesus. Rome–St. Louis 1967

SOMMERVOGEL, CARLOS: Bibliothèque de la Compagnie de Jésus. 11 Bde. Bruxelles 1890–1932

Synopsis historiae Societats Jesu. Lovanii 1950

2. Quellen

Alle Schriften des Ignatius und seiner ersten Gefährten sowie sämtliche grundlegenden Texte zur Geschichte der Gesellschaft Jesu enthält das große Sammelwerk «Monumenta historica Societatis Jesu» (Madrid und Rom 1894 ff). – Die Quellenzitate in unserem Buch sind folgenden deutschen Ausgaben entnommen:

IGNATIUS VON LOYOLA, Geistliche Übungen, hg. von ALFRED FEDER und EMMERICH RAITZ VON FRENTZ. Freiburg/Brg. 1957

IGNATIUS VON LOYOLA, Der Bericht des Pilgers, hg. von BURKHART SCHNEIDER. Freiburg/Brg. 1956

IGNATIUS VON LOYOLA, Das Geistliche Tagebuch, hg. von ADOLF HAAS und PETER KNAUER. Freiburg/Brg. 1961

IGNATIUS VON LOYOLA, Geistliche Briefe, hg. von HUGO RAHNER. Einsiedeln 1956

IGNATIUS VON LOYOLA, Briefwechsel mit Frauen, hg. von HUGO RAHNER. Freiburg/Brg. 1957

3. Ignatius-Biographien

a) Gesamtdarstellungen

ALLEN, JOHN CATLING: Ignatius Loyola and the Jesuits. Amersham 1974 (Round the world histories. 32)

ASTRAIN, ANTONIO: Der heilige Ignatius von Loyola. Wiesbaden 1922

BOEHMER, HEINRICH: Ignatius von Loyola. Hg. v. HANS LEUBE. 2. veränd. Aufl. Stuttgart 1951

CREIXELL DE IGLESIAS, JUAN: San Ignacio de Loyola. Barcelona 1922

DUDON, PAUL: Saint Ignace de Loyola. 3. Aufl. Paris 1935

HUONDER, ANTON: Ignatius von Loyola. Köln 1932

Ignatius von Loyola. Seine geistliche Gestalt und sein Vermächtnis. Hg. v. FRIEDRICH WULF. Würzburg 1956

Ignatius von Loyola. Freiburg/Brg. 1978

KOLB, VIKTOR: Das Leben des hl. Ignatius von Loyola. Freiburg/Brg. 1931

KRAEMER-BADONI, RUDOLF: Ignatius von Loyola oder die größere Ehre Gottes. Köln 1964

LETURIA, PEDRO DE: El gentilhombre Iñigo Lopez de Loyola. Montevideo 1938. 2. Aufl. Barcelona 1949

MARCUSE, LUDWIG: Ignatius de Loyola: ein Soldat der Kirche. Zürich 1973 (Diogenes Taschenbuch. 21.5)

MATT, LEONHARD VON, u. HUGO RAHNER: Der hl. Ignatius von Loyola. Zürich 1955 – Neuaufl. 1962 (Erdkreisbücher. 7)

PAPÁSOGLI, GIORGIO: Sant' Ignacio di Loyola. Roma 1955

PÖSCHL, MATTHIAS: Ignatius von Loyola. Donauwörth 1963

QUIRL, PETER: Ignatius von Loyola: Gründer des Jesuitenordens. 2. Aufl. Leutersdorf 1979

RAHNER, HUGO: Ignatius von Loyola als Mensch und Theologe. Freiburg/Brg. 1964

RAVIER, ANDRÉ: Les chroniques Saint Ignace de Loyola. Paris 1973

b) Einzelfragen

BAKKER, LEO: Freiheit und Erfahrung. Redaktionsgeschichtl. Unters. über d. Unterscheidung der Geister bei Ignatius von Loyola. Würzburg 1970 (Studien zur Theologie des geistlichen Lebens. 3)

BARTHES, ROLAND: Sade, Fourier, Loyola. Frankfurt a. M. 1974

BROU, ALEXANDRE: Saint Ignace, maître d'oraison. Paris 1925

CHARMOT, FRANÇOIS: Ignatius Loyola and Francis de Sales: Two masters, one spirituality. St. Louis 1966

ENGLANDER, CLARA: Ignatius von Loyola und Johannes Polanco. Würzburg 1956

GONZALES DE MENDOZA, RAMON: Stimmung und Transzendenz. Die Antizipation der existenzialanalytischen Stimmungsproblematik bei Ignatius von Loyola. Berlin 1970

GUIBERT, JOSEPH DE: Saint Ignace Mystique. Toulouse 1950

LABERGE, JACQUES: Pierre Teilhard de Chardin et Ignace de Loyola. Paris 1973 (Collection Christus. 34)

MARXER, FRIDOLIN: Die innere geistliche Stimme. 8. Beitr. zur Deutung ignatianischer Mystik. Freiburg/Brg.–Basel–Wien 1964
PENNING DE VRIES, PIET: Discernment of spirits according to the life and teaching of St. Ignatius de Loyola. New York 1973
RAHNER, HUGO: Ignatius von Loyola und das geschichtliche Werden seiner Frömmigkeit. 2. Aufl. Graz 1949
RAVIER, ANDRÉ: Ignace de Loyola fonde la Compagnie de Jésus. Paris 1974
RICHTER, FRIEDRICH: Martin Luther und Ignatius von Loyola, Repräsentanten zweier Geisteswelten. Stuttgart 1954
SCHWAGER, RAYMUND: Das dramatische Kirchenverständnis bei Ignatius von Loyola. Zürich–Einsiedeln–Köln 1970
SWITEK, GÜNTER: In Armut predigen. Untersuchungen zum Armutsgedanken bei Ignatius von Loyola. Würzburg 1972 (Studien zur Theologie des geistlichen Lebens. 6)

4. Zur Verfassung und Spiritualität des Ordens

AICARDO, JOSÉ: Comentario a las constituciones de la Compañia de Jesús. 6 Bde. Madrid 1919–1932
Die großen Ordensregeln. Hg. v. HANS URS BALTHASAR. Einsiedeln 1948 (Menschen und Kirche in Zeugnis und Urkunde. 8)
BERTRAND, DOMINIQUE: Un corps pour l'esprit: essai sur l'expérience communautaire d'après les Constitutions de la Compagnie de Jésus. Paris 1974
BÖMINGHAUS, ERNST: Die Aszese der ignatianischen Exerzitien. Freiburg/Brg. 1927
BOROS, LADISLAUS: Befreiung zum Leben: d. Exerzitien des Ignatius von Loyola als Wegweisung für heute. Freiburg/Brg.–Basel–Wien 1977
CHASTONAY, PAUL DE: Die Satzungen des Jesuitenordens. Einsiedeln 1938
CODINA, ARTURO: Los origines de los Ejercicios espirituales de S. Ignacio de Loyola. Barcelona 1926
Ejercicios-constituciones: unidad vital. Congreso Ignaciano Loyola, set. 2-7-1974. Bilbao 1975 (Colección espiritualidad ignaciana. 9)
ENOMIYA-LASSALLE, HUGO M.: Zazen und die Exerzitien des heiligen Ignatius. Köln 1975
FESSARD, GASTON: La dialectique des Exercices spirituels de saint Ignace de Loyola. Paris 1956
GRUBER, JOHANN JOSEPH: Des hl. Ignatius Weg zu Gott. Die Exerzitienwahrheiten in ihrer inneren Einheit. 2. Aufl. Saarbrücken 1951
GUGGISBERG, KURT: Die Gesellschaft Jesu. Loyola – Exerzitien-Konstitutionen. Zürich 1967
GUIBERT, JOSEPH DE: La spiritualité de la Compagnie de Jésus. Roma 1953
IPARRAGUIRRE, IGNACIO: Practicá de los Ejercicios de S. Ignacio de Loyola en vida de su autor. Roma 1946
IPARRAGUIRRE, IGNACIO: Historia de los Ejercicios de San Ignacio (bis 1599). 2 Bde. Bilbao 1946
KÖSTER, PETER: Ich gebe euch ein neues Herz. Einf. u. Hilfen z. d. geistlichen Übungen d. Ignatius von Loyola. Stuttgart 1978

Köster, Peter: Lebensorientierung an der Bibel. Meditationsimpulse zum Exerzitienbuch d. Ignatius von Loyola. Stuttgart 1974

Leturia, Pedro de: Génesis de los Ejercicios de San Ignacio. In: Archivum historicum Societatis Jesu 10 (1941), S. 16–59

Lippert, Peter: Zur Psychologie des Jesuitenordens. 2. Aufl. Einsiedeln 1956

Macquade, James J.: How to give the spiritual exercises of St. Ignatius to lay apostles. Chicago 1962

Meschler, Moritz: Die Gesellschaft Jesu. Freiburg/Brg. 1911

Nikrin, Else: Ziel und Weg. E. Einführung in die ignatianischen Exerzitien. Freiburg/Brg. 1947

Peters, William A. M.: The spiritual exercises of St. Ignatius: exposition and interpretation. Jersey City 1968

Pies, Otto: Gebetschule des hl. Ignatius. Kevelaer 1953

Przywara, Erich: Deus semper maior. Theologie der Exerzitien. 3 Bde. Freiburg/Brg. 1938–1940

Przywara, Erich: Ignatianisch. Frankfurt a. M. 1956

Rahner, Karl: Betrachtungen zum ignatianischen Exerzitienbuch. München 1965

Sudbrack, Josef: Daß ich nicht taub sei für deinen Ruf: Wort und Bild zu d. geistlichen Übungen des Ignatius von Loyola, Würzburg 1980

5. Zur Geschichte des Ordens

a) Gesamtdarstellungen

Bangert, William V.: A history of the Society of Jesus. St. Louis 1972

Becher, Hubert: Die Jesuiten, Gestalt und Geschichte des Ordens. München 1951

Boehmer, Heinrich: Die Jesuiten. Hg. v. Karl Dietrich Schmidt.. Stuttgart 1957

Brodrick, James: The origin of the Jesuits. 2. Aufl. London 1949

Brodrick, James: The progress of the Jesuits. London 1947

Campbell, Thomas Joseph: The Jesuits 1534–1921; a history of the Society of Jesus from its foundation to the present time. Boston 1971

Dufner, Georg: Geschichte der Jesuiten. Roma 1975 (Uomini e dottrine. 21)

Foss, Michael: The founding of the Jesuits. 1540. London 1969

Fülöp-Miller, René: Macht und Geheimnis der Jesuiten. Leipzig 1930

Guibert, Joseph de: The Jesuits: their spiritual doctrine and practice; a historical study. Chicago 1964

Guichard, Alain: Les Jésuites. Paris 1974

Guillermou, Alain: Les Jésuites. 3. éd. Paris 1975

Hollis, Christopher: Die Jesuiten. Söhne des Heiligen Vaters. Hamburg 1970

Les Jésuites: spiritualité et activités: jalons d'une histoire. Paris 1974 (Bibliothèque de spiritualité. 9)

Les Jésuites: leur histoire, leur formation, leur stratégie, être jesuite aujourd'hui. Paris 1974

Michelet, Jules: Des Jésuites. Paris 1966 (Libertés. 85)

Mir, Miguel: Historia interna documentada de la Compañia de Jesús. 2 Bde. Madrid 1913

PHILIPPART, GUY: Visiteur, commissaires et inspecteurs dans la Compagnie de Jésus de 1540 à 1615. Roma 1969 (Excerpta ex archivo historico Societatis Jesu. 7)
ROSA, ENRICO: I gesuiti dalle origini ai nostri giorni. Roma 1929
STIERLI, JOSEPH: Die Jesuiten. Freiburg/Brg. 1955

b) Einzelne Länder

ANDRIESSEN, J.: De Jezuiten en het samenhorigheidsbessef der Nederlanden 1585–1648. Antwerpen 1957
ASTRAIN, ANTONIO: Historia de la Compañia de Jesús en la Asistencia de España. 7 Bde. Madrid 1902–1925
BAUDIN, LOUIS: Une théorie socialiste: l'État jésuite du Paraguay. Paris 1962
BURNICHON, JOSEPH: La compagnie de Jésus en France. Histoire d' un siècle (1814–1914). Bd. 1–4. Paris 1914–1922
CAMARAN, PHILIP: Ein verlorenes Paradies. D. Jesuitenstaat in Paraguay. München 1979
CASSANI, JOSEPH: Historia de la provincia de la Compañia de Jesús del nuevo reyno de Granada en la América. Caracas 1967 (Biblioteca de la Academia nacional de la historia. 85)
La Compañia de Jesús en México: cuatro siglos de labor cultural, 1572–1972. Ed. MANUEL IGN. PÉREZ ALONSO. México 1972
COSTA, HORACIA DE LA: The Jesuits in the Philippines, 1581–1768. Cambridge 1961
DEHERGNE, JOSEPH: Répertoire des jésuites de Chine de 1552 à 1800. Roma 1973 (Bibliotheca Instituti historici S. I. 37)
Documnetos jesuíticos relativos a la historia de la Compañia de Jesús en Venezuela. Ed ... por JOSÉ DEL REY. Caracas 1966 (Biblioteca de la Academia nacional de la historia. 79)
Documenta Malucensia. Ed. and annot. by HUBERT JACOBS. Bd. 1 ff. Roma 1974 ff
DUHR, BERNHARD: Geschichte der Jesuiten in den Ländern deutscher Zunge. Bd. 1–4. Freiburg/Brg.–München 1903–1928
DUNNE, GEORGE HAROLD: Generation of giants; the story of the Jesuits in China in the last decades of the Ming dynasty. Notre Dame, Ind. 1962
FASSBINDER, MARIA: Der Jesuitenstaat in Paraguay. Halle 1926
FOLEY, HELEN: Records of the English Province of the Society of Jesus. Bd. 1–8. London 1877–1880
FOUQUERAY, HENRI: Histoire de la Compagnie de Jésus en France (1528–1773). Bd. 1–5. Paris 1910–1925
FRIAS, LESMES: Historia de la Compañia de Jesús en su Asistencia moderna de España. Bd. 1–2. Madrid 1923–1944
HAAS, HANS: Geschichte des Christentums in Japan. Bd. 1–2. Tokio 1902–1904
HERTLING, LUDWIG: Die Jesuiten in Kärnten: 1604–1773, 1859–1968. Klagenfurt 1975
HUGHES, THOMAS: History of the Society of Jesus in North America colonial and federal. Bd. 1–4. London–New York 1907–1917
KRÖSS, ALOIS: Geschichte der böhmischen Provinz der Gesellschaft Jesu. 2 Bde. Wien 1910–1927
LAPOMARDA, VINCENT A.: The Jesuit heritage in New England. Worcester, Mass. 1977

LÁSZLÓ, V.: Váslatok a magyar jezsuiták multjából. Bd. 1–2. Budapest 1912–1914
LOZANO, PEDRO: Historia de la Compañia de Jesús en la provincia del Paraguay. Republ. Farnborough 1970
LEITE, SERAFIM: Historia da Companhia de Jesus no Brasil. Bd. 1–10. Lisboã–Rio de Janeiro 1938–1950
Monumenta historica Japoniae. Ed. crit. introd ... proposuit JOSEF FRANZ SCHÜTTE. Bd 1 ff. Romae 1975 ff
OLIVARES, MIGUEL DE: Historia de la Compañia de Jesús en Chile (1593–1736). Santiago 1874 (Colección de historiadores de Chile. 7)
PARKMAN, FRANCIS: The Jesuits in North America in the seventeenth century. New York 1965
PFÜLF, OTTO: Die Anfänge der deutschen Provinz in der neuerstandenen Gesellschaft Jesu. Freiburg/Brg. 1922
PONCELET, ALBERT: Histoire de la Compagnie de Jésus dans les anciens Pays-Bas. Bd. 1–2. Bruxelles 1927–1928
RODRIGUEZ, F.: Historia da Companhia de Jesus na Asistencia de Portugal. Bd. 1–7. Porto 1931–1941
SCHOENBERG, WILFRED P.: Jesuits in Montana, 1840–1960. Portland 1960
SCHÜTTE, JOSEF FRANZ: Introductio ad historiam Societatis Jesu in Japonie. 1549–1650. Romae 1968
STUDHALTER, JOSEPH: Die Jesuiten in Luzzern, 1574–1652. E. Beitr. zur Geschichte der tridentinischen Reform. Stans 1973 (Beihefte zum Geschichtsfreund. 14)
TACCHI VENTURI, PIETRO: Storia della Compagnia di Gesù in Italia. Bd. 1–2. 2. Aufl. Roma 1951
VARGAS UGARTE, RUBEN: Historia de la Compañia de Jesús en el Perú. T. 1–5. Burgos 1963–1965
WEHNER, RICHARD: Jesuiten im Norden: zur Geschichte des Ordens in Schweden. T. 1. Paderborn 1974
ZALESKI, STANISLAW: Jesuici w Polsce. Bd. 1–5. Lwów 1901–1906

c) Einzelne Persönlichkeiten

BRODRICK, JAMES: Abenteurer Gottes. Leben und Fahrten des hl. Franz Xaver. Stuttgart 1954
BRODRICK, JAMES: The life and work of Cardinal Bellarmin. Bd. 1–2. London 1928
BRODRICK, JAMES: Petrus Casisius. Bd. 1–2. Wien 1950
BRODRICK, JAMES: Saint Francis Xavier. London 1952
HILLENAAR, HENK: Fénélon et les jesuites. La Haye 1967 (Archives internationales d'histoire des idées. 21)
KARRER, OTTO: Der hl. Franz Borja, General der Gesellschaft Jesu. Freiburg/Brg. 1921
KESSEL, JOHN: Mission of sorrows. Jesuit Guevavi and the Pimas, 1691–1767. Tucson, Ariz. 1970
REIL, SEBALD: Kilian Stumpf, 1655–1720: ein Würzburger Jesuit am Kaiserhof zu Peking. Münster 1978
RÉTIF, ANDRÉ: Les héritiers de St. François Xavier. Paris 1956
RITTER, JOACHIM FRIEDRICH: Friedrich von Spee: 1591–1635: e. Edelmann, Mahner u. Dichter. Trier 1977

SCHURHAMMER, GEORG: Franz Xaver. Sein Leben und seine Zeit. Bd. 1: Europa (1506–1541). Freiburg/Brg. 1955

SHIELS, WILLIAM EUGENE: Gonzalo de Tapia (1561–1594): founder of the first permanent Jesuit mission in North America. New York 1934 – Nachdr. Westport, Conn. 1978

VITZTHUM, ELISABETH: Die Briefe des Francisco Xavier. 2. Aufl. München 1950

d) Einzelne Arbeitsgebiete

BECKER, FELIX: Die politische Machtstellung der Jesuiten in Südamerika im 18. Jahrhundert. Köln–Wien 1980 (Lateinamerikanische Forschungen. 8)

BRAUN, JOSEPH: Die Kirchenbauten der deutschen Jesuiten. Bd. 1–2. Freiburg/Brg. 1908–1909

BRODRICK, JAMES: The economic moral of the Jesuits. London 1934 – Repr. New York 1972

CHARMOT, FRANÇOIS: La pédagogie des Jésuites. Paris 1951

DIGNATH, STEPHAN: Die Pädagogik der Jesuiten in den Indio-Reduktionen von Paraguay 1609–1767. Frankfurt a. M.–Las Vegas 1978

HUGHES, THOMAS ALOYSIUS: Loyola and the educational system of the Jesuits. New York 1892 – Grosse Point, Mich. 1969

JANSEN, BERNHARD: Die Pflege der Philosophie im Jesuitenorden des 17. und 18. Jahrhunderts. Fulda 1938

Jesuiten, Protestanten, Demokratie. Von WERNER KÄGI u. a. Hg. v. WERNER SCHATZ, Zürich 1968

LUNDBERG, MABEL: Jesuitische Anthropologie und Erziehungslehre in der Frühzeit des Ordens. (1540–1650). Uppsala 1966

Misiones nortenas mexicanas de la Compañia de Jesús, 1715–1757. Ed. prep. por ERNESTO J. BURRUS. México 1963 (Biblioteca historica mexicana de obras inveditas. Ser. 1. 25)

MOERNER, MAGNUS: The political and economic activities of the Jesuits in the La Plata region, Diss. Stockholm 1953

MÜLLER, JOHANNES: Das Jesuitendrama in den Ländern deutscher Zunge vom Anfang (1555) bis zum Hochbarock (1665). Bd. 1–2. Augsburg 1930

NAGY, TÖHÖTÖM: Jesuiten und Freimaurer. Wien 1969

OTTO, JOSEPH ALBERT: Kirche im Wachsen. Freiburg/Brg. 1940

OTTO, JOSEPH ALBERT: Gründung der neuen Jesuitenmission durch den General P. J. Ph. Roothaan. Freiburg/Brg. 1939

SCHROETELER, JOSEPH: Die Erziehung in den Jesuiteninternaten des 16. Jahrhunderts. Freiburg/Brg. 1941

VILLARET, ÉMILE: Les congrégations mariales. Paris 1947

WITTWER, MAX: Die Musikpflege im Jesuitenorden unter Berücksichtigung der Länder deutscher Zunge. Diss. Greifswald 1934

QUELLENNACHWEIS DER ABBILDUNGEN

(Die Ziffern bezeichnen die Buchseiten)

Ullstein-Bilderdienst: Umschlag-Vorderseite / Archives romaines de la Compagnie de Jésus: Umschlag-Rückseite, 116, 118 / Bibliothèque Nationale (Éditions du Seuil): 6, 12, 13, 15, 17, 19, 20, 34, 43, 47, 55, 57, 121, 140/141 / R. P. Merveille, S. J.: 8/9, 11, 22, 24/25, 42, 64 / Giraudon: 26/27, 122/123, 124 / Boudet-Lamotte: 28/29 / Archiv Rowohlt Verlag: 31, 96 / Jean Mounicq: 32, 40 / Éditions du Seuil: 36/37, 39, 77, 79, 160 / Bibliothèque du Scolasticat de Chantilly (Éditions du Seuil): 44, 48/49, 71, 72, 74, 81, 86, 89, 101, 104, 108, 128, 134/135, 144, 149, 153, 154, 155 / Historisches Bildarchiv Handke, Bad Berneck: 53 / Bibliothèque Princeton: 69 / Bibliothèque des Études (Éditions du Seuil): 82/83, 85, 94, 99.

NAMENREGISTER

Die kursiv gesetzten Zahlen bezeichnen die Abbildungen

rowohlts bildmonographien

Herausgegeben
von Kurt und Beate
Kusenberg
Jeder Band mit etwa
70 Abbildungen,
Zeittafel,
Bibliographie und
Namenregister.

Betrifft: Literatur

947/6

Hans Christian Andersen
Erling Nielsen [5]

Achim von Arnim
Helene M. Kastinger Riley [277]

Honoré de Balzac
Gaëtan Picon [30]

Charles Baudelaire
Pascal Pia [7]

Simone de Beauvoir
Christiane Zehl Romero [260]

Samuel Beckett
Klaus Birkenhauer [176]

Gottfried Benn
Walter Lennig [71]

Wolfgang Borchert
Peter Rühmkorf [58]

Bertolt Brecht
Marianne Kesting [37]

Georg Büchner
Ernst Johann [18]

Wilhelm Busch
Joseph Kraus [163]

Lord Byron
Hartmut Müller [297] August '81

Albert Camus
Morvan Lebesque [50]

Giacomo Casanova de Seingalt
Rives J. Childs [48]

Matthias Claudius
Peter Berglar [192]

Dante Alighieri
Kurt Leonhard [167]

Charles Dickens
Johann Norbert Schmidt [262]

Alfred Döblin
Klaus Schröter [266]

F. M. Dostojewskij
Janko Lavrin [88]

Annette von Droste-Hülshoff
Peter Berglar [130]

rowohlts bild-mono-graphien

Herausgegeben von Kurt und Beate Kusenberg
Jeder Band mit etwa 70 Abbildungen, Zeittafel, Bibliographie und Namenregister.

Betrifft: Literatur

Joseph von Eichendorff
Paul Stöcklein [84]

Hans Fallada
Jürgen Manthey [78]

Gustave Flaubert
Jean de la Varende [20]

Theodor Fontane
Helmuth Nürnberger [145]

Federico García Lorca
Günter W. Lorenz [82]

Stefan George
Franz Schonauer [44]

André Gide
Claude Martin [89]

Johann Wolfgang von Goethe
Peter Boerner [100]

Maxim Gorki
Nina Gourfinkel [9]

Brüder Grimm
Hermann Gerstner [201]

H. J. Ch. von Grimmelshausen
Curt Hohoff [267]

Knut Hamsun
Martin Beheim-Schwarzbach [3]

Gerhart Hauptmann
Kurt Lothar Tank [27]

Friedrich Hebbel
Hayo Matthiesen [160]

Johann Peter Hebel
Uli Däster [195]

Heinrich Heine
Ludwig Marcuse [41]

Ernest Hemingway
Georges-Albert Astre [73]

Hermann Hesse
Bernhard Zeller [85]

Friedrich Hölderlin
Ulrich Häussermann [53]

E. T. A. Hoffmann
Gabriele Wittkop-Manardeau [113]

947/6a